憲法問題

恒藤　恭

講談社学術文庫

目次

憲法問題

まえがき

憲法問題に関して私はいくつかの綜合雑誌に執筆したが、そのなかで昭和二十四（一九四九）年から昭和三十五（一九六〇）年までのあいだに、「世界」に執筆した七篇が、本書に収められている。

「世界」の昭和二十四年、五、六月号に、「戦争放棄の問題」が掲載されたのは、日本国憲法が発効してから二ヵ年を経過したときであり、連合国軍による日本国土の占領が継続していたころであった。それから二ヵ年あまりを経過した昭和二十六（一九五一）年九月八日に、対日講和条約および日米安全保障条約の調印が行われ、翌年四月二十八日に両条約が発効した。

ところで、昭和二十（一九四五）年九月から七ヵ年たらずのあいだ行われていた連合国軍による占領行政が、わが国にもたらした種々の成果を通観すると、プラスの面もあれば、マイナスの面もあった。前者に属する諸成果のなかで最も著しいものは、おそらく日本国憲法の制定に対して助力した点にあった、と考えられる。

日本国憲法の原案の作成は、連合国総司令部の助言にもとづいて為されたものであったにもせよ、新しい平和的・民主的憲法の公布をよろこんで迎えた日本国民の心持ちは、突きつめた、純粋なものであった。外国の側から押しつけられた憲法だというようなことではなく、日本民族の歴史的運命のめぐりあわせから生まれ、日本民族が絶大の戦禍から立ち上がって、真に更生の途を進んで行くための正しい道しるべをあたえるところの、いわば、とうとい授かりものとして、すなおな、真剣な心持ちで、国民は新憲法をうけいれたのであり、現在からかえりみても、そのような国民の直感は、大体において的確かつ妥当なものであった、とおもう。

日本国憲法が公布されてから幾年かを経過するにつれて、さまざまの政党的または階級的利害関係のわずらわしい諸事情のからみあいが生じてから、さまざまの邪念やかたよった感情が、一部の国民のあいだにあらわれ、「新憲法は外国の側から否応なしに押しつけられたものであるから、日本人の自主的な立場において改正されねばならぬ」という主張が提起されるにいたった。その反面には、「力ずくによる平和」の確保を目ざす米国の世界政策が、強大な圧力をもって日本の再軍備を要請するようになった事態が、そうした一部の国民の主張を無言のうちに勢いづけたことは明らかである。

「旧憲法は、日本人の自主的な立場において制定された憲法である」ということは、一応は肯定しえられるけれど、一層掘りさげて考えると、「旧憲法は、真の意味において、または十分な意味において、日本人の自主的な立場で制定された憲法である」ということはできない。明治二十二〔一八八九〕年に大日本帝国憲法が制定されたころにも、また昭和二十一〔一九四六〕年に日本国憲法が制定されたころにも、日本人が真に自主的に憲法を制定し得る条件は欠けていたのに反して、現在では、そのような条件があたえられている。

その理由はつぎの通りである。——旧憲法の時代には、あらゆる法の効力の根源たるものは天皇の意思であったのとはちがって、あらゆる法の効力が国民の総意に発源することを規定している現行憲法のもとでは、他の一切の法に優越する効力を有する憲法自体の改正は、もちろん国民の総意にもとづくのでなければ行われえないこととなった。対日講和条約が発効して、連合国軍総司令官の指令が憲法にまさる権威をもっていた事態が消滅し、「この憲法は、国の最高法規で」あるという憲法第九十八条第一項の規定が、真に有効なものとなってからは、憲法改正の手続に関して、国民の総意によって承認されるのでなければ、憲法の改正は決して実現されえないこととなった次第である。

かように、現行憲法の規定によって、日本国民が真に自主的に憲法を改正しうるための条件があたえられたのであるが、それは法的な条件である。法的条件は必要な条件であるけれど、それだけでは、十分な条件はあたえられていない。この場合に十分な条件というのは、政治的および社会的条件、ことに政治的条件である。日米新安保条約にもとづいて、わが国が米国に対して高度の従属関係にある現状では、ここにいわゆる政治的条件が欠けている。

したがって、現在では日本国民は真に自主的に憲法改正を行いえないわけである。

ところで、心ある国民の大多数は、自由と文化のたまものに恵まれた生活の安定を希求し、かつそのような生活のありかたを確保する世界平和の存続を念願するのであり、かような共通の意欲の結集したものこそは、国民の真実の総意である。そして、現行憲法は、かかる日本国民の真実の総意に合致した社会のありかたを、しだいにより満足な程度に実現して行くための平和的・民主的国家体制を定立している基本法である。わが国の現実の状態がいくたの深刻な社会的矛盾と欠陥をあらわしていることは、あらためていうまでもないことがらであるが、それは、憲法の発効以後における施政が、どれほども憲法の精神にかなった適正なしかたで行われてきていないためであって、決して憲法そのものの欠点にもとづくものではない。

日米新安保条約のために、わが国が米国に対して高度の従属関係に立っているかぎりは、日本国民の真実の総意に合致するようなしかたで憲法改正が行われ得るための十分な条件が欠けている状態が持続する。だから、日本国民が真に自主的な立場から日本国憲法を再検討し、その改正に着手すべき時期は、現在未だ到来していない、という認識こそは、憲法問題、とりわけ改憲問題を解決するための基準である、と考えられるのである。

以上に概説したような見解が、本書に収録した七篇における論述の前提をかたちづくっている次第である。

昭和三十九年十二月

一　戦争放棄の問題

一

いくらか誇張したいいあらわしかたをするようではあるけれど、――いま世界のあらゆる国々のあらゆる人々の生活は、彼らがそのことを意識していると否とにかかわらず、いわゆる二つの世界の対立によって、直接にか、間接にか、力強く制約されている。おもうに、この対立は第二次世界戦争が終結してからまもなく発生したのであるけれど、それが全世界の人民の眼前にはっきりと姿をあらわしはじめたのは、おそらく一九四六年の秋のはじめのころ、いいかえると、枢軸諸国に対して積極的に交戦的態度に出た二十一ヵ国の代表者たちがパリに会合して、その年の七月二十九日からひらいた平和会議の経過において、ドイツ問題の処理につき、米、英、仏側とソ連側とのあいだに、大いなる意見のへだたりのあることが明瞭となったころからである。

あたかもこのような時期に際して、はなはだ徹底的なしかたで「戦争の放棄」を規定している新しい日本国憲法が公布された。多くの学者たちや評論家たちがさかんに新憲法の内容について解説をあたえたり、意見を発表したりした。新憲法がさまざまの特色をそなえているなかでも、戦争の放棄について規定している第九条がとくに新憲法に対してきわめて顕著な特色を賦与するものであるということが、それらの人々によって一様に力説された。さまざまの機関によって、かつさまざまの方法によって、新憲法の精神なり趣意なりを一般国民のあいだに普及させる努力が全国的に展開されたが、その際、平和的文化国家たるべきことを標榜する新しい日本国の根本法の眼目をなすものともいい得られるところの第九条の規定がぬかりなくとりあげられて、それがいかに重大な意義をもつものであるかということが高調された。しかしながら、当時にあっては、憲法第九条が平和国家日本のありかたを根本的に規定するものであり、したがって、日本民族の運命にとってきわめて重大なかかわりを有するものであるに相違ないということは、一応理解することができたとしても、何かしら観念的なことがらにすぎないようにおもわれて、痛切に人々の実感にせまるところがなかったようである。

一九四七年五月はじめからの新憲法実施を期して、その精神や趣意を一般人民のあいだに普及させるための運動が、ふたたび全国的に勢いよく行われたが、ここに指摘したような事情には目にたつような変化は見いだされなかった。

他面において、二つの世界の対立は、ときの移るにつれて、そのけわしさをましこそすれ、いささかも緩和する傾向があらわれなかったが、一九四八年六月のなかばすぎから俄然形勢は一大変化を生じた。西部ドイツにおける通貨改革案の実行に端を発して、ベルリンにおける米、英、仏三国の占領地区の封鎖の問題が起り、たちまち二つの世界の対立はいつ何どき火を発するかもわからないような険悪なものと化した。第三次世界戦争の勃発に対する危惧と不安の感情が、それ以来すべての国々を通してひろがりわたり、二つの世界の対立があるいは緊張の度を加え、あるいはそれを減ずるかの観を示すのに応じて、ある時は顕在的となり、ある時は潜在的となるという違いはあっても、たえず人々の頭のなかに根深くこびりついているものとなった。戦争を放棄し、一切の軍事力を解消させたわが国が、国際政治の場面において占める特異の地位がどのようなものであるかということを、あらためて国民は反省し、新たな世界戦争が開始された場合を仮定して、日本民族の当面するであろうところの難局についていろいろとおもいめぐらすことをせずにはおれないような状勢が到来した。だが、その後ベルリン封鎖問題をめぐってしばしば国際的危機の切迫がつたえられたにもかかわらず、そのたびごとに最悪の事態の発生が回避されつつ、一九四八年はすぎさった。

そのあいだに二つの世界の対立は極東の地域において急速に、大幅にその形相を変化した。徐州方面における戦況の推移からはじまって、中共軍が国府軍を駆逐しつつ長江地域へと南下するにいたって、日本国民は二つの世界の摩擦から生ずる熱気をすぐ身近に感ずることとなった。さらに、米国から〔ケネス・C・〕ロイヤル陸軍長官〔一八九四―一九七一年〕が来日した機会に、あたらしい世界戦争がはじまったと仮想された場合における日本諸島の戦略的意義、およびその際米国がとるであろうところの策戦方針があからさまに論議されて、われわれの耳目を聳動《しょうどう》させた。とりわけ、最初に、そのような場合に米国は日本諸島から兵力を引揚げることを躊躇しないだろうという説が伝えられたことは、一部の国民に対して大いなるショックをあたえた。そして、いまさらながら、憲法第九条によって交戦権を放棄した日本国が、戦争の渦巻が身辺に襲来した場合にとるべき態度如何という問題を、慎重に考慮する必要のあることが痛感されるにいたった。かつては観念的または理論的意義をもっているにすぎないかのようにおもわれた戦争放棄の問題が、にわかになまなましい現実性をそなえている問題として意識されることとなった。

二

有史以来、東洋でも、また西洋でも、一群の国家がならび存在しているところにおいてながいあいだ平和状態が続いたことは、きわめてまれであって、大規模のまたは小規模の、長期のまたは短期の戦争がくりかえし行われるというのが、普遍的事態であった。だから、いつの時代の歴史的記述も戦争をもって主要の対象とせぬものはないありさまであり、科学的文明が高度の躍進を遂げた二十世紀に入ってからも、その点に関するかぎり変るところはなかった。これに照応して、国家に関する理論的考察がはじまってからこのかた、外部からの侵略・攻撃に対して人民ならびに領土を防衛することは、国家の最も基本的な機能に属するものとみとめられ、いやしくも相当の兵力・軍備を保有していないような国家は、真の意味において国家の名に値いしないものと思惟されてきた。とりわけ、わが国ではその傾向のいちじるしいものがある。明治維新このかた、政府のかかげた富国強兵の国策の旗じるしによってひきいられてきた日本国民の頭脳のなかに、そのような思想が深く根を下ろしているのは、はなはだ当然のことがらである。一般勤労大衆に対して低度の生活水準を押しつけながら、年々国力不相応の巨額の軍事費を充当して、極力陸海軍の軍備を拡大充実した結果、極東方面の問題に関するかぎり、欧米の諸列強のあいだに伍して力強い発言権を行使し得る地位にまでたどりついた日本であった。おろかな不法の侵略戦争を計画し、遂行した軍部は、自分で自分の墓穴を掘り、そのなかに身を没してしまったけれど、その亡霊はいまでも執念深く国土のうえをさまよっている。

これらのことがらを考えあわせると、戦争を放棄し、兵力の存置をみとめない日本国は、外部からの侵略・攻撃に対して国土と人民を防衛する能力をもたず、自力によって独立を保つことの不可能となった国家であり、新憲法の実施と共に、国家として退化し、低能の国家になりさがったのだ、と判断すべきもののように感ぜられるであろう。そして、実際にも、そのようにおもいこんでいる人々がずいぶん数多くあるのではなかろうか。

　それはまことに無理からぬことである。伝統的な国家観に拘泥し、伝統的な政治理論を固執するかぎりは、そのような判断を下すほかはないであろう。しかしながら、もしも世界史のうえから見て、現代は大いなる転換の過程がはじまった時代である、いいかえると、諸々の国家がしだいに戦争を放棄し、軍備を撤廃した平和国家に化して行くという、全く前例のない歴史的傾向が、かすかながらも動きはじめた時代である、と思惟し得るのであるならば、日本はあたかもそのような傾向の尖端にたつにいたった国家であり、むしろ国家的品位において向上をきたし、国家として一段と進化し得る立場にたどりついたのだ、と考えられるであろう。

　いったい、現存する数十の国家の中で、真に全く自力のみによって、外部からの侵略・攻撃に対し独立を保持することのできるものが、はたしていくつ見いだされるであろうか。

　近代国家の支配者たちは、いわゆるマキアヴェリズムの信奉者であり、国際社会は「弱肉強食の原則」の行われる場面である、ということが、以前からしばしば主張され、人々は無批判にそれに傾聴し、共鳴するならいであった。だが、現実の歴史的経過がかかる主張の妥当性を根拠づけるにたるほどの実例を提供してきた、と考えることは、単純な、独断的な考えかたに陥っているという批判をまぬがれ得ない。

　国際政治史の指し示すところによれば、近代初期以来のヨーロッパにおける国際政治の発展過程は、いわゆる勢力均衡の形成と破壊とがそれからそれへと反覆されてきた過程にほかならない。

いかなる国々がいかなるしかたで相互に同盟条約を締結し、これによって形成された勢力均衡がいかなる期間、国際平和の維持に役だったか、いかなる事情のためにそれが動揺をきたし、戦争が行われた後、いかなる国々のあいだにいかなるしかたで新しい勢力均衡が出現したか、さらにいかなる事情のために、それが破られてふたたび戦争がはじまったか、というようなことを、ここでくだくだしく叙述する余裕はないが、——先進諸国における高度資本主義の成長につれて、国際的勢力均衡は世界的規模のものに拡大し、帝国主義的闘争の調整組織としての性格をもつにいたったことを特記しなければならぬ。ところで、そのときどきにおいて比較的に最も強大な武力を有する若干の国々が二個の国家群にわかれて対立するというのが、勢力均衡の典型的形態であり、比較的に弱小な武力の持ち主たるその他の国々は、直接には勢力均衡関係のなかにたつことなく、その外部にあって、いずれかの側に対して好意的態度をとるか、または全く不偏的な態度をとるのであった。近代初期以来の勢力均衡関係のこみいった変遷の裏面には、幾多の詭計《きけい》や陰謀や裏切りのいとうべき事実が見いだされるけれど、強大国の自己保全の欲求にもとづいて生まれたところの勢力均衡関係が、強大国自身の存立の維持に役だってきたばかりでなく、そのお蔭で、弱小国もまたおのずと存立を保有し得たことを看過すべきではない。もしも、真に弱肉強食の原則が国際社会で行われたのであったとしたら、弱小国はつぎつぎに強大国によって征服されまたは併合され、ついに残りなく姿を没してしまったはずであり、強大国自身のあいだにも同様に比較的に優越した武力をもつものがしからざるものを征服しまたは併呑《へいどん》して行き、少くともヨーロッパでは最後に二つの強大国が生き残った後に、そのなかのいずれかが唯一つの独立国として終極の勝利者たるにいたったはずである。もとより、ある程度に弱肉強食の原則が国際社会のありかたを制約したことは明らかであるけれど、勢力均衡の外交政策のはたらきが多分にこの原則の支配を阻止したことも確かな事実であって、第一次世界戦争の直前のヨーロッパのありさまを回顧すると、英、仏、独、伊、墺匈（オーストリア・ハンガリー）、露の六つの強大国のほかに、十数の弱小国が存在しており、それらの多くは近代のはじめから命脈を保ってきたものであった。もちろん、弱小国といえども、それぞれなにほどかの大きさの武力を有しており、そのことが何らかの程度に国家的存在の維持のために役だったことは否定し得ないけれど、ほんとうのところは勢力均衡関係のたすけによってそれらの国々は独立を持続し得たものにほかならない。

三

第一次世界戦争の跡始末をつけたパリ平和条約〔ヴェルサイユ条約（一九一九年）〕にも

とづいて国際連盟が組織されたことは、国際政治史にあたらしいエポックを画した。国際連盟の創設の基礎に横たわっていたものは、たがいに対立する強大国の集団のあいだにおける勢力均衡のはたらきによって国際平和を維持しようとする伝統的思想を排除して、国力の大小強弱を問わず、すべての加盟国の総力を結成し、しかも強大国の綜合力を中心として、国際平和の維持ならびに国際文化の促進のために活動する世界的国際機構を実現しようと欲する国際政治思想であった。したがって、英、仏、伊、日の四常任理事国が、かような思想に共鳴する立場から協力を続けていたあいだは、国際連盟はそれに託せられた使命を割合に順調にはたし得たのであったが、まずイタリアにファッショ政権が頭をもたげ、おくれて連盟に加入しかつ常任理事国となったドイツにナチス政権が出現し、さらに日本においてもそれらに類似した政権が確立されるにいたって、連盟の機能は終熄《しゅうそく》するほかはなかった。

国際連盟が事実上その生命をうしなってから後には、米、英、仏の民主主義国家群と、これに対抗する独、伊、日の枢軸国家群と、中立的立場を守るソ連との三者のあいだに、あたらしい勢力均衡関係が成立し、しばらくのあいだは曲《まが》りなりにも辛うじて国際平和がたもたれた。ドイツ軍隊のポーランド進撃から開始した第二次世界戦争において、民主主義国家群の交戦力と枢軸国家群の交戦力とが抗争を続けたあいだは、勝敗の帰着するところがなかなか見きわめがたかったけれど、ソ連が戦争に加わるにいたってから、双方の交戦力の差は加速度的に増大して戦争を結末にみちびいた。ドイツの無条件降伏が行われてからまもなく、一九四五年六月二十六日にサンフランシスコにおいて、枢軸諸国に対して開戦した五十ヵ国の代表者により署名された国際連合憲章は、国際連盟がその使命の遂行に失敗した経験にかんがみて、新しい構想により、世界平和確保の目的のために一層ととのった構造をもっている国際団体を創設することを意図するものである。同年十月二十四日に憲章は効力を発生し、翌年一月十日からロンドンで第一回総会がひらかれて、国際連合は活動をはじめた〔原加盟国はポーランドを加えた五十一ヵ国〕。はじめから終りまで国際連盟に加入しなかった米国、および国際連盟がすでに無力になったころにようやくそれに加入したソ連が、最初から国際連合の設立のために協力し、ともに常任理事国となっていることは、国際連盟とはちがって真に国際連合をして世界的規模をもつ平和機構たらしめるものであるが、勢力均衡の原則によって国際平和を確保しようとする伝統的外交政策を排斥して、すべての参加国の力を統一的立場から調整し、綜合しつつ、国際紛争の合理的解決を行うことによって国際平和を維持することを目的とする点においては、国際連合は国際連盟の使命をそのまま継承するものにほかならない。

第二次世界戦争以前の時期における国際状態と以後におけるそれとを比較するとき、きわだって目につくことがらは、諸強大国の軍事力とその他の諸国の軍事力との懸隔がいちじるしく増大したこと、かつ諸強大国の中でも、米国およびソ連の各者の軍事力とその他の三国の軍事力の開きがいちじるしく増大したことである。戦前においても、米、英、仏、ソ連、独、伊、日の七強国が国際政治における指導的地位を占めていたのであるけれど、戦後の現在において、米、英、仏、ソ連の四強国が――中国はしばらく考察の範囲外におくこととして――国際政治の上に占めている指導的地位は一段と強化し、とりわけ米国とソ連との増大した優越性が断然その他のすべての国々の上にぬきんでている。巨大なる生産力を有することによってのみ形成され、維持され得るところの優越せる空軍力が、現代では軍事力の中核をなすにいたったこと、ことに原子爆弾の恐るべき威力が、将来発生するかも知れない世界戦争において決定的効果を発揮するに相違ないと推測されることが、右に指摘した新しい事態を生みだしたものと思われるのであって、かような事態に即して考えると、弱小諸国の軍備は、いまや多分にそれぞれの国家の自尊心を満足するための装飾物めいたものに化してしまった観がある。

国際連合の中枢機関たる安全保障理事会は、常任理事国たる五大国と非常任理事国たる六国（現在は十国）とによって構成されているが、常任理事国は、手続上の事柄に関する場合を除くほか、安全保障理事会のすべての決議において拒否権をあたえられており、したがって、国際紛争の平和的解決やその他の国際政治問題の処理について、五大国の指導的地位が十分に確立されている。だから、国際平和の確保に関する根本方針について五大国の意見が一致しており、つぎつぎに発生する国際政治問題、なかんずく国際紛争の解決について五大国がつねに相提携して協力する態度をとるのであるならば、その他のすべての国々、または大多数の国々が各自の憲法を改正して、戦争を放棄し、軍備を撤廃したとしても、外部からの侵略・攻撃に対して自国の独立を保全し能《あた》うべきはずである。わが国が戦争を放棄する憲法の条項をもうけたのは、直接には、極東委員会を構成する連合諸国、ことに米国の誠意に対する深い信頼にもとづくものと思惟されるであろうけれど、根本的には、右に述べたような特色をもつ国際連合の機能を前提することに基因するものというべきであろう。もちろんいままでのところでは、国際連合における諸常任理事国の協力一致に対する当初の期待は全くむなしいものとなり、安全保障理事会の機能はどれほども見るべき効果をあげていない。かような状態が将来好転する可能性が全くないと考えることは、おそらく妥当でないけれど、急速にあらたまりそうな見こみはたたない。そこで、やがてきたるべき講和条約締結の後における日本の永続的なありかたに関して、なんらかの特殊の国際制度の設定されることがのぞましいわけであり、かかる要求をみたすものとして、永久中立国の制度の採択が問題となる次第である。

四

「永久中立国」とか、「永世中立国」とかという言葉を聴くとき、まず連想されるのは、最初に永久中立国としての地位を獲得したばかりでなく、現に存在する唯一つの永久中立国たるスイスである。この国は一八一五年のウィーン条約にもとづいて永久中立国となったが、事実上は、一六四八年のウェストファリア条約によって独立を承認されて以来、どの戦争に際してもつねに中立国としての地位を持続してきた。ウィーン条約の規定により、スイスは、防衛のために已《や》むを得ず、他国に対し交戦せざるを得ないような場合のほかには、積極的に戦争を開始し、または戦争に関与してはならぬという義務、および他の国家のあいだに戦争が発生した場合に自己の中立的地位を保持し得ないような事態にみちびくおそれのある条約を他の国家と締結してはならぬという義務を負うているが、他方では、ウィーン条約の原署名国たる英、仏、墺（オーストリア）、普（プロシア）、露、葡（ポルトガル）の六ヵ国（スイス自身をのぞく）およびその後この条約に参加したイタリア、スペイン、スウェーデンの三国は、スイスの独立ならびに領土の保全を連帯的に確保すべき義務を負うている。その後一八三一年のロンドン条約によって永久中立国となったベルギーおよび一八六七年のロンドン条約によって永久中立国となったルクセンブルクは、前回の世界戦争の際に、両国の永久中立的地位を保障する条約の一当事国たるドイツの軍隊の不法の侵入を被ったところから、終戦後の講和条約によって、永久中立国としての地位から離脱した。これに反して、スイスは第一次および第二次世界戦争を通じて永久中立性を堅持し得る好運にめぐまれて、現在にいたっている。ドイツ、フランス、イタリア、オーストリアの四国の領土によって囲まれているという特有な地理的位置にもとづくスイスの存在の国際政治的意義と西太平洋上の群島としての日本の存在の国際政治的意義とは、たがいに類似しているところがあると同時に、相違しているところも大きい。加うるに、スイスはその中立的地位を保持するために必要な兵力と軍備をもっており、自己の独立と領土の保全とを防衛するために已《や》むを得ない場合には他国と交戦し得る権能を保有している。

わが国が永久中立国としての地位を取得するためには、わが国に対して密接な利害関係を有するすべての国々が、わが国自身をも加えて所要の条約を締結するのでなければならぬ。そして、もしもスイスの場合を範として永久中立の制度が設定されるべきであるとしたら、憲法第九条の規定を修正して、戦争の放棄の範囲を必要な程度に制限すると同時に、永久中立的地位を維持するために必要な程度の兵力と軍備とを認めるよう、第九条第二項の規定をあらためねばならぬであろう。だが、かようなことはポツダム宣言の趣意に反するところであって、列国が賛同しようとは到底考えられないし、平和国家としての再生を決意し、全世界にむかってその旨を宣言した日本の国民にとっても、決してのぞましいところでない。だから、必ずしもスイス、ベルギーおよびルクセンブルクの先例に拘泥《こうでい》することなく、日本の現実と日本民族が表明した平和的理想とに適応したしかたで、独自の制度の立案されることが要請される、といわざるを得ない。そして、そのような制度が設定されて、わが国が永久中立国としての地位を取得するにいたった場合を仮定すると、米国、カナダ、オーストラリア、ソ連、中国、朝鮮、英国などの諸国は必ず永久中立保障条約に参加しているものと予想されるのであるから、日本の安全性はいちじるしく増大すべきはずである。かつ国際連盟におけるスイスの場合とおなじように、特殊の条件の留保の下に日本が国際連合に参加する途がひらかれるであろう。

日本が永久中立国としての地位を取得することがのぞましいという意見は、すでに新憲法公布のころから現れていたようであるが、最近英国のデーリー・メール〔一八九六年に創刊されたイギリスの大衆紙〕の〔ジョージ・ウォード・〕プライス氏〔一八八六―一九六一年。『デイリー・メール』の論説主幹〕との会談において、〔ダグラス・〕マッカーサー元帥〔一八八〇―一九六四年〕は、「戦争が起った場合、米国は日本が戦うことは欲しない。日本の役割は太平洋のスイスとなることである」と語った後、「しかし日本が攻撃された場合はどうか」というプライス氏の質問に対して、「日本が攻撃された場合は米国は確かに日本を防衛せねばならない、しかし私はソ連が日本に攻撃を加えるとは思っていない」とこたえた。さらにプライス氏が「米国の太平洋戦略における日本の役割は」とたずねると、元帥は「米国は断じて日本を同盟国として利用する考えはない、米国が日本に望むことは中立を維持することだけである」と語った、と伝えられている（朝日新聞、一九四九年三月三日付）。察するところ、この問答は、講和条約締結後の日本に関するものではなく、遠からぬ将来に日本が攻撃をうけた場合を仮定してなされたものらしい。だから、「日本の役割は太平洋のスイスとなることである」というのは、おそらく単なる比喩的ないいあらわしであり、それ以上の意味を、すなわち、日本が永久中立国となることがのぞましいという意味を含蓄するものではないであろう。だが、それはともあれ、「戦争が起った場合……日本の役割は太平洋のスイスとなることである」という言葉は、将来における日本の永久中立国としての地位を連想せしめるものであり、しかも、連合国軍最高司令官の述べた言葉であるだけに、興味深くよみとらずにはおれないのであった。

五

日本が永久中立国となることがのぞましく、かつかような希望が実現されることは十分に可能であるとしても、ひっきょう、それは講和条約成立後における日本の永続的なありかたに関する問題である。さし迫ってわれわれが関心せざるを得ないのは、二つの世界の険悪なる対立が絶えず生みだしつつある世界不安の状況の下における日本国および日本国民の正しいありかたの問題である。この問題に関して適正な解決をあたえ得るための前提条件は、憲法第九条の規定の基礎をかたちづくっている徹底的平和主義の理想をば、不動の民族的理想として全面的に肯定することであるとおもう。

ここにいわゆる「徹底的平和主義」の理想の何たるかについて、憲法前文はつぎのように述べている。「日本国民は、恒久の平和を念願し、人間相互の関係を支配する崇高な理想を深く自覚するのであつて、平和を愛する諸国民の公正と信義に信頼して、われらの安全と生存を保持しようと決意した。われらは、平和を維持し、専制と隷従、圧迫と偏狭を地上から永遠に除去しようと努めてゐる国際社会において、名誉ある地位を占めたいと思ふ。われらは、全世界の国民が、ひとしく恐怖と欠乏から免かれ、平和のうちに生存する権利を有することを確認する。」

「戦争の放棄」と題する第二章は、前文の中に示されているところの「平和を愛する諸国民の公正と信義に信頼して、われらの安全と生存を保持しよう」とする日本国民の決意にもとづいて、憲法のなかに採択されたものであるが、第二章をかたちづくっている唯一つの条規たる第九条は、それ自身の前文ともいい得られるものをもっている。同条のはじめの「日本国民は、正義と秩序を基調とする国際平和を誠実に希求し」という文句がそれであって、憲法前文に示された恒久平和の念願を凝縮したかたちでくり返しているものと見られるであろう。右の文句に続いて、「国権の発動たる戦争と、武力による威嚇又は武力の行使は、国際紛争を解決する手段としては、永久にこれを放棄する」と規定されている。この規定をよむときに連想されるのは、「締約国は国際紛争解決のため戦争に訴うることを非とし、且その相互関係において国家の政策の手段としての戦争を放棄することを、その各自の人民の名において厳粛に宣言す」という一九二八年の不戦条約第一条の規定であるが、条約締結の際に列国間の交換公文によって、自衛権の行使の場合にはこの規定は適用されないとの留保が付せられた。憲法第九条第一項は、国際紛争を解決する手段としては、戦争と武力による威嚇又は武力の行使を永久に放棄することを規定しているのであるから、自衛の目的のためにする場合は除外されているかのように見えるけれど、第二項には「前項の目的を達するため、陸海空軍その他の戦力は、これを保持しない。国の交戦権は、これを認めない」と規定しているのであって、自衛のためであると否とを問わず、一般的に他国と交戦すべからざることが要請されている。「国の交戦権」(the right of belligerency of the state) というのは国際法上の権能であり、右の規定は、かような権能の行使に該当するような一切の行為を禁止したものというべく、かつまた国際法上の権能としての交戦権を放棄する意思を、諸外国に対して暗黙に表示したものとも解せられるであろう。しからば、外国の軍隊が不法にわが国土内に侵入し、攻撃を行った場合は如何というに、一切の戦力を保持せぬこととなっている以上、戦力によって抵抗することは不可能であり、かつ臨時に不正規の戦力を組織して抵抗することも禁止されていると解すべきであろう。だが、そのような場合においては絶対的無抵抗主義の態度をとるべきことを憲法第九条が要請していると解することは、おそらく妥当ではない。

いずれにせよ、保障占領が行われているあいだは、万一他国の侵略や攻撃を受けることがあっても、占領軍がこれに対して必要な行動にでるであろうから、わが国が非常事態に遭遇して憲法第九条の規定の解釈が現実に問題となるのは、保障占領が終了してから以後のことである。したがって、同条の規定の精神が現在および近い将来における日本および日本人のありかたについて考える上にいかなる意義を有するかということが、われわれにとって当面の問題たるわけである。

六

あらためていうまでもなく、一九四五年九月二日に締結された降伏文書の実施とともに、わが国は独立国としての地位を喪失し、国家統治の権能が連合国軍最高司令官による制限に服するところの非独立国となった。日本国憲法はかような状態のうちに制定されかつ施行された。しかも、この憲法の前文ならびに本文の全内容をしらべて見たところで、かように日本が非独立国としての地位にあることを明示するような文句はもちろん、暗示するような文句といえども全く見いだされ得ない。つまり、日本国憲法は将来いつかは到来するであろうところの国家的独立の回復の時期を予想し、独立的地位に立ったものとしての日本国のありかたについて規定することを趣意とするものである、といわざるを得ない。だが、それにもかかわらず、国家的独立の回復の時期の不明なままに、一九四七年五月三日から施行されたのであるから、憲法のなかには、日本が独立国としての地位に再帰し、諸外国と正式に外交関係を開始し得るにいたるまでは、現実の法理的効果をともなわないような若干の条規がふくまれている。戦争放棄に関する第九条の規定は、その代表的なものである。

すなわち同条第一項は、「国権の発動たる戦争と、武力による威嚇又は武力の行使は、国際紛争を解決する手段としては、永久にこれを放棄する」と規定しているけれど、連合国軍による国土の保障占領が行われ、国家統治の全作用が連合国軍最高司令官による管理の下におかれているような状態においては、日本国が、国際紛争を解決するために、戦争を開始したり、武力による威嚇をこころみたり、武力を行使したりすることは全く不可能であるから、右のような憲法の規定は現実の法理的効果をともなうものとは考えられない。また第二項には、「前項の目的を達するため、陸海空軍その他の戦力は、これを保持しない。国の交戦権は、これを認めない」と規定されているが、これについても違った考えかたをとることはできない。

それでは、憲法第九条の規定は、日本の国家的独立が回復されるにいたるまでは、なんらの法理的意義をもたないかというと、そのように考えることは、おそらく妥当でない。右に述べたように、遅かれ、早かれ、国家的独立の回復の時期が到来するであろうことを予想し、前提しつつ、憲法は制定され、国家の非独立的状態において実施されたのである以上、かような状態が継続している期間においても、国家的独立の回復された以後における日本の平和国家的なありかたについて憲法第九条が規定している趣意にかなったしかたで、立法その他の統治作用が行われることを要するはずであって、独立回復の後における日本の非平和国家的なありかたの実現を希求する志向にもとづいて、そのようなありかたの実現のために役だつような何らかの準備的工作をひそかに企画し、それに着手することは、同条の規定に違反するものとして禁止される、と考えるべきであろう。しかしながら、より重要なのは、憲法第九条の含蓄する政治的要請である。

同条によって提示された徹底的平和主義の理念は、現在および今後の日本において、一切の重要な政治問題に関する決定にあたり、つねに誠意をもって尊重されなければならぬ。とりわけ国会ならびに内閣は、かような理念に適合した政策の樹立と実現のために努力するとともに、これに矛盾する政策を採択するようなことのないように十分に戒慎《かいしん》することを要請されるものといわねばならぬ。一例をあげると、教育政策の方面において、徹底的平和主義の理念にかなった教育施設または教育活動を助成し、促進することは、現在ならびに今後における日本の政治の一主要課題たるべきはずであるが、これまでのところ、中央および地方の政治を通じて、明確な理解と自覚とにもとづくかような課題の遂行が満足に行われてきたとはいいがたいであろう。

七

去る（一九四九年）四月四日ワシントンにおいて北大西洋条約（ＮＡＴＯ条約）の調印式

が行われ、ベルギー、カナダ、デンマーク、フランス、アイスランド、イタリア、ルクセンブルク、オランダ、ノルウェー、ポルトガル、イギリスおよび米国の代表者が該条約に署名したことは、二つの世界の対立の歴史に新しい時期を画したものだとみとめられている。

第二次世界戦争の終結以後に、この種の集団的共同防衛条約の締結された事例としては、まず一九四七年九月二日にリオ・デ・ジャネイロにおいて、カナダ、ニカラグァおよびエクアドルの三国を除く北米ならびに南米大陸の十九ヵ国のあいだに締結された米州共同防衛条約〔リオ条約〕を挙げることができるが、この条約が現在のかたちにおける二つの世界の対立の問題に対しておよぼす影響は間接的なものたるにすぎない。これに対して直接のかかわりをもつこの種の条約のさきがけをなすものは、一九四八年三月十七日にブラッセル〔ブリュッセル〕においてイギリス、フランスおよびベネルックス三国の代表者によって署名された五ヵ国同盟条約〔ブリュッセル条約〕である。有効期間五十ヵ年のこの条約により、加盟国相互の軍事的、経済的および文化的協力を目的とする強固な同盟が結成されたわけであるけれど、これらの諸国の武力を統合したところで、東欧側の強大な武力に比べて大いに見劣りのすることは、はなはだ明白であり、条約の成立後まもなく、米国およびカナダの軍事的援助の約束を加えることによって東欧側の武力に対抗し得るところの、あるいはそれに優越するところの武力の体制を築きあげようとする努力が開始された。その後この努力は不断に継続され、あたかも満一年を経過したうえで北大西洋条約が成立した次第であるが、世界平和の運命に対してきわめて重大なかかわりをもつところのこのような条約が締結されたことは、ひろく国際政治史の観点からみてほとんど類例のないところである。それが今後における国際政治の発展に対していかなるしかたで影響をおよぼすであろうかということについては、何人《なんびと》も到底的確な予測を下し得ないにもせよ、国際連合の創設とならんで、北大西洋同盟の結成が第二次世界戦争終結後における最も重要な国際政治史的事実たることは、疑いをいれないであろう。

十四ヵ条からなる北大西洋条約の本文のなかでその眼目をかたちづくる第五条の規定によれば、「加盟各国は、ヨーロッパまたは北アメリカにおいて加盟の一ヵ国ないしそれ以上の国に加えられる武力攻撃を、全加盟国に対する攻撃と考えることに同意し、したがって斯《か》かる武力攻撃が行われる場合には、加盟各国は国際連合憲章第五十一条でみとめられた個別的ないし集団的自衛権を行使し、直ちに各国で、また他の加盟国と協調して、北大西洋地域の安全を回復維持するに必要と考える武力行使を含めた行動に出ることによって、攻撃をうけた加盟国を支援することに同意する。斯かる武力攻撃およびその結果講ぜられた一切の措置は直ちに国際連合安全保障理事会に報告される。加盟国による斯かる措置は、安全保障理事会が国際平和ならびに国際安全保障の回復維持に必要な措置をとったとき停止される」ということになっている。

これによって見れば、北大西洋同盟に加入した諸国が、北大西洋地域の安全を回復維持するために必要と考える武力行使をふくめた行動にでる期間は、加盟国に対する武力攻撃が開始されたときから、国際連合の安全保障の回復維持のために必要な措置をとるにいたったときまでに限定されるわけであるが、条約第五条の予想しているような事態が発生した場合を仮定すると、安全保障理事会の決議にもとづいてそのような事態に適応した必要な措置が講ぜられるのを期待することは、おそらく全然不可能であって、実際のところ、北大西洋同盟がほとんど全面的に国際連合に代って、国際平和ならびに国際安全保障の回復維持に任じようとする態度を、問題解決のときまで継続するほかはないであろう。もちろんソ連をはじめ東欧諸国の側からも、北大西洋同盟諸国に対抗しつつ、これと対等の立場において問題解決のために必要な措置をとる権利を行使する態度を持続するであろう。ところで、北大西洋同盟は、単に冷たい戦争が文字通りの戦争に転換せんとするような非常事態の発生した場合においても威力を発揮することを目的とするものではなく、冷たい戦争が行われているにすぎない平常時においても、顕著なる機能をいとなむべきものとして、同盟は結成されたのである。すなわち、「加盟各国は継続的且つ効果的な自立活動ならびに相互援助により、武力攻撃に対する各国個々の、また集団的の抵抗能力を、各国個々で、また各国共同で、維持し発達させる」ことを約束しているし（第三条）、さらに「条約の実行に関する諸事項を考慮するため、各加盟国代表の参加する理事会」ならびに必要な補助機関、とくに防衛委員会の設置が規定されている（第九条）。武力攻撃に対する加盟諸国の抵抗能力の強化を目的とする援助が、主として米国の側からの武器援助として実現されるものと予期されていることは、あらためていうまでもないであろう。

私は前出第三節において、第二次世界戦争を経た後の現在においては、弱小諸国の軍備は、多分にそれぞれの国家の自尊心を満足するための装飾物めいたものに化してしまった観があると述べたが、それは弱小諸国が通常の状態にある場合、いいかえると、相互に連絡無く独力をもって国防に備える場合に即しての立言である。北大西洋条約の実施によって、主要強大国の武力とその他の弱小諸国の武力とを有機的に結合する機動的体制が樹立されてみると、弱小諸国の武力は強大国の武力と緊密に接合して、いわば一体的に作用することとなるわけであるから、加盟の弱小諸国の軍備のもっている現実的意義も変化せざるを得ないことはもちろんである。

八

二つの世界のけわしい対立が、いつ何どき最悪の状態にまで激化して、あたらしい世界戦争の勃発にみちびくかも知れないということを深く憂慮せずにはおれないところから、世界各国の人民の持ち続けている不安の感情が、北大西洋条約の締結により、全体として緩和されたであろうか。

将来における仮想敵国を目標として防衛的同盟条約が締結された場合には、条約当事国側の国民のあいだには、国防上の安全感が増大する傾向があるに反して、目標とされた国または国々の側の国民のあいだには、国防上の安全感が毀損《きそん》される傾向があることは明らかである。防衛的同盟条約としての性格をそなえている北大西洋条約の場合においても、その成立が世界不安にマイナスをもたらす面があると同時に、プラスをもたらす面があることは否定しがたく、現に――条約の表面にはあらわれていない仮想目標国たる――ソ連の側から加盟諸国に対してなされた強硬な抗議は、条約の締結によってもたらされたところの東欧諸国の側における不安の増大を反映するものと考えられるであろう。ただし、北大西洋同盟諸国の側のいいぶんとしては、鉄のカーテンの彼方においては、早くから「友好、相互援助および戦後協力に関する条約」が二十あまりも締結されており、それらは二国間の条約の形式をもつものであるにもせよ、実質的には集団的同盟関係を設定しているものであって、そのような共産陣営の側における協力体制のもたらす、底の知れない不安を減殺するために、これに対抗する協力体制を樹立せざるを得なかった、というような反駁が持ちだされるであろう。「北大西洋条約」とはいうものの、第五条の規定が適用される範囲のなかには、イタリアおよびフランス〔領〕のアルジェリアなどがふくまれるのであるから、同盟の威力の発揮される地域は地中海の西半をも包括しているわけである。そこで、共産勢力と反共勢力との交叉点をかたちづくっているギリシャや、共産勢力の威圧によってたえずおびやかされているトルコなどの地域に関する安全保障に役だつべき東地中海同盟の結成が論議されているのであるが、ヨーロッパから南北アメリカにわたる広大な地域の安全保障を目的とするところの北大西洋条約ならびにリオ・デ・ジャネイロ条約に対してシンメトリカルな位置にたつ太平洋同盟条約の締結が問題とされるのは、自然のなり行きである。

　第二次世界戦争の一半をかたちづくったヨーロッパ戦争にもとづいて戦後に成立したところの、西洋的世界の深刻な分裂に当面した米英側の国家群が、共同的防衛体制を建設するために北大西洋条約を締結したのに対応して、太平洋条約の構想は、第二次世界戦争の他の一半をかたちづくった太平洋戦争にもとづいて、戦後の東洋的世界のいたるところに頭をもたげた共産勢力と反共勢力との激烈な抗争に当面した米英側の国家群が、北大西洋同盟に類似した使命と機能とをもつ共同的防衛体制を建設することを意図するものだ、といい得るであろう。すでに、今年（一九四九年）の一月中旬のころから、米国、イギリス、フランス、カナダ、オーストラリア、ニュージーランド、オランダ、中国、インドの九ヵ国のあいだに極東防衛協定を締結しようとする機運が動きはじめたということが報道されたのであったが、北大西洋条約の成立の見こみが確実となった三月のなかばすぎには、フィリッピンの〔エルピディオ・〕キリノ大統領〔一八九〇―一九五六年〕が、「米国は極東における共産主義と闘うために、北大西洋同盟とおなじような太平洋同盟の結成を提唱すべきである」と述べ、駐米中国大使顧《こ》維《い》鈞《きん》氏〔一八八八―一九八五年〕は、「北大西洋条約は世界平和戦線の一つの溝を埋めることだけはできるが、世界平和を完全に守るためには、他の戦線であるアジアも等しく侵略に対して保護される必要がある」と言明したと伝えられた。それについで、「中共の成功による脅威の増大に対処する何らかの機構をあたえるために、東南アジアおよび西南太平洋の防衛組織をつくること」は、ワシントン外交当局者のあいだでは、さしあたり一つの考えとして存在する程度にすぎないけれど、北大西洋条約の問題が完全にかたづいたならば、一段と活潑に論議されるようになるだろう、ということがワシントンから報道された。

西ヨーロッパをめぐる国際政治的状勢と東南アジアにおけるそれとのあいだにはさまざまの重大なる相違点が存在することは明白であり、北大西洋条約の成立にみちびいたところの諸要因に対応するところのものが、東南アジアの方面の問題に関しても見いだされ能《あた》うか否かは、疑問であるが、――太平洋条約成立の可能性如何ということは別論として、そのような条約の成立を仮定し、これに対して日本のとるべき態度につき、日本人自身が軽率に論ずるようなことは厳戒せねばならぬはずである。

キリノ比島大統領は、四月一日の新聞会見において、「比島〔フィリピン〕を含む極東アジア諸国には日本の復興に対してある種の懸念を抱くむきが強い、しかし結局日本が再度一つの強国として立ち上ることは認めねばならぬだろう。日本がアジアの一強国となる限り、全アジアの問題はこの動きとあわせこれを考えてゆかねばならない。いまや太平洋諸国の不侵略協定に新生日本を参加させる絶好の機会が訪れた。……私の考えでは太平洋同盟は全太平洋諸国政府の自由を守る不侵略協定であるべきである。これによって各国は同盟国として経済、貿易、財政、文化の諸関係を開拓して互いに自己強化をはかりうるであろう。我々は互いに協力することにより平和的に共産主義排撃の共同体を結成しうるであろう。……会議の場所としてはサンフランシスコ、ホノルル、マニラなどが適当で、参加国は日本、朝鮮、中国国民政府、比島、インドシナ、シャム〔現在のタイ〕、ビルマ〔現在のミャンマー〕、マレー、インドネシア、オーストラリア、ニュージーランド、アルゼンチン、チリー、ペルー、エクアドル、コロンビア、中央アメリカ、メキシコ、米、カナダなどが含まれる。……インドが参加を希望するなら喜んでこれを歓迎する」と語ったとのことである（朝日新聞、一九四九年四月三日付）。比島大統領がこのような意見を発表したとは、はなはだ意外千万だといわざるを得ないが、これに対してはフィリッピンの人々をはじめ、いろいろの方面から反対意見が発表されたようである。それはともあれ、われわれ日本人自身としては、日本の復興を切実に念願せざるを得ないとはいうものの、それはあくまでも平和国家としての日本の復興・発展に対する念願であって、日本がふたたび一つの――軍事的観点からみた――強国として立ち上がることは、決してわれわれの希求するところではあり得ないはずである。

〔一九四九年〕四月七日の参議院本会議において、太平洋条約に関する帆足計《ほあしけい》氏〔一九〇五

―八九年〕の質問に対し、吉田〔茂〕首相〔一八七八―一九六七年〕は、「北大西洋条約は集団の力による平和時の条約である。太平洋条約が〔北〕大西洋条約と同形のものであるなら戦争を放棄したのであるから加盟できないが平和の保障確立が目的であれば条件次第で加入することができると思う。戦争が生じた場合永世中立の立場を維持することができるかについてはベルギーなどの例もあつて永世中立がかならずよいかどうか判断がむつかしい。私はあくまでも日本の民主政治と各民主国家との提携によつて平和維持に努め世界平和に貢献する熱意を示すのが日本のとるべき態度であると考える」とこたえたそうである（中部日本新聞、一九四九年四月八日付）。未だ官報所載の速記録を見ていないけれど、かような新聞記事にあらわれたかぎりにおいては、吉田首相の見解ははなはだものたりない。そして論理の整合を欠いたものであり、現在および将来における日本のあるべきありかたについて深くおもんぱかる誠実な熱意をそれから観取することは不可能である。

また外務次官近藤鶴代《つるよ》氏〔一九〇一―七〇年〕は、INS〔International News Service（国際通信社）。現在のUPI通信社〕の記者に対し――ただし個人の資格において――「太平洋防衛条約の締結は、武装を解除された日本にとっては、独立と領土保全を維持する唯一の方策であると思う。日本がもしこの同盟に参加することが許されるならば、何ら軍事的義務を負わずに同盟の集団保障をうけられる」と語ったということが、いろいろの新聞によって伝えられた。近藤氏の語ったところが正確に報道されたのであるか否かはわからないけれども、もしも同氏が新聞によって報道されたような内容の談話をしたのであるならば、ずいぶん見当違いの見解を発表したものだといわざるを得ない。憲法の規定によって戦争を放棄した日本が軍事同盟に参加するようなことは不条理のはなはだしいものであるし、同盟に参加しながら軍事的義務を免除されるというような矛盾がみとめられ得るはずはない。「戦争が起った場合、米国は日本が戦うことは欲しない。日本の役割は太平洋のスイスとなることである」というマッカーサー元帥の言葉に含蓄されているところこそは、今後における国際政治的状勢の推移・変動に対処するために日本のとるべき正しい立場を指し示すものであることを、くり返し力説する必要があるとおもう。

講和条約が締結され、日本が国際社会における独立国としての地位を回復した場合を仮定するならば、日本の立場から要望すべき集団的安全保障体制は、太平洋地域に対して重大なる関心をもつ諸国が、戦争を放棄した日本の平和国家としての地位を有効に維持することを目的として結成する国際機構以外の何物でもあり得ず、前にも言及したように、それはスイスの場合に範を求めつつ、しかも日本の徹底的平和主義のありかたに適応するところの独自の永久中立保障制度たるべきであろう。そして、講和条約の成立にいたるまでの当面の問題としても、北大西洋条約の締結の前後を通じて、不偏中立の態度を堅持して変ることのないスイスのありかたは、太平洋同盟の問題に対して日本のとるべき態度を示唆するものというべきである。

九

私は前に憲法第九条の含意する政治的要請の重要性について述べたが（第六節）、同条の含意する倫理的要請もそれに劣らぬ重要性をもつものであることを強調したいとおもう。

満洲事変から日華事変を経て太平洋戦争の終結にいたるまでの期間において、侵略的軍国主義の国策を遂行したことにより、日本が国家として犯した人類全体に対する幾多のきわめて重大なる罪悪については、日本民族が全体としてその責任をまぬがれることはできない。国際法の観点からみた責任に関しては、敗戦後において連合国側の判断にもとづいて、さまざまの種類の数多くの人々がさまざまのカテゴリーの責任に応じて刑罰または追放処分に服したのであるが、政治道徳（political morality）の観点からみた場合には、――たとい右の期間において、侵略的軍国主義の国策に対して人々がとった態度が異なるに応じて、個人的に著しい責任の相違が存するにもせよ、結局、侵略的軍国主義の国策の遂行を阻止し得なかったのであるから、――日本国民が全体として責任を負わねばならぬ道理である。そして、このような責任を償《つぐな》う唯一の方法は、徹底的平和主義の理想を堅く把持しつつ、民主的平和国家の建設のためにひたすらに精進し、努力することであらねばならぬ。

憲法の規定により一切の軍隊および軍備の永久的撤廃を誓い、交戦権の放棄を宣言した日本国民は、文化国家の建設をめざして進むべきであるということも、敗戦後早くから提唱されたところである。それは十分に有意義な提唱であるが、かような場合において文化国家とよばれるところのものの何たるかについては、人々の見解が明確を欠いていることが多いように見うけられる。たとえば、「文化人」とか、「文化団体」とかという場合にいわゆる「文化」の概念を念頭におきながら、文化国家を考えるのであっては、国民的努力のあたらしい目標としての文化国家の何たるかを正しく理解することは不可能である。正しい意味における文化国家とは、全勤労者階級が中心的地位にたちながら建設作業を進めて行くところの、正義と自由との理念の支配が生活のあらゆる部面にくまなく行きわたっているような国家の理想的なすがたを指すものでなければならぬ。しかも、かような意味における文化国家の建設過程にたずさわる長い期間は、同時にまた日本国民が徹底的平和主義に生きる期間たらねばならぬであろう。このような民主的平和国家としての、また文化国家としての新しい日本の建設のためにする民族的努力を合目的的なしかたで進めて行くためには、国民生活の諸部面を規律する法律制度がそれからそれへと一層合理的なものに改められることを要すると同時に、国民の諸層・諸階級のあいだに根強く残存している非合理的・封建的意識を克服し、排除するための努力が絶えず根気よく持続され、良識の支配と合理的精神の確立が実現されなければならぬ。これに関しては、いわゆる文化人がとくに重い任務を課せられているものと考えられるのであるが、とりわけ、世界平和の問題についての正しい理解を一般大衆のあいだに行きわたらせることにより、彼らの政治的行動が平和国家の方向にそうて展開されるようにするための組織的な活動が、彼らに対して要請されるであろう。各国の政治家たちの政治的思惟がややともすれば局限された視野によって制約され、支配階級のかたよった意向によって支配されがちな傾向がいちじるしいのに対して、とらわれざる自由な立場から全世界の人民の幸福のために深くおもんぱかり、透徹した科学的洞察とするどい理性的批判を旨とする各国の文化人たちが、国境の差別をこえて協力しようとする努力に対して、わが国の文化人たちも能《あた》うかぎりの協力を惜しんではならぬであろう。

世界のあらゆる国々が、すでに日本の実行したところにならって、軍備を撤廃し、交戦権を放棄する態度にでるならば、国際平和は確実に保障されるであろう。また、世界のあらゆる国々が自己の主権を放棄し、世界国家の樹立に協力する態度に出るならば、戦争の発生する余地も消滅することとなるであろう。しかしながら、この種の願望を固執するだけで、われわれの当面している世界の現実に対して何らの積極的努力をもこころみることをしないということは、ひっきょう、国際平和を破壊しようとする傾向に対して是認的態度をとるのと帰着するところは同一である。第二次世界戦争の生みだしたところの、国際平和確保のための合理的国際機構たる国際連合は、さまざまの事情のためにどれほども本来の機能をいとなみ得ない状態にあるとはいうものの、儼然《げんぜん》としてその存在を保っており、現に――皮肉な事実ではあったが――北大西洋条約調印式が行われた翌日から、第三回総会の第二会議がはじまり、そこでは二つの世界の双方に属する国々の代表者たちが会合して、議事に参加した。「国際連合か、さもなければ世界国家か」というのは、決してわれわれの思惟をみちびく正しい方式ではなく、「国際連合を通じて、遠い将来における世界国家の実現へ」というのが、真に正しい方式だ、といわざるを得ない。ソ連を中心として締結された多数の相互援助条約にせよ、リオ・デ・ジャネイロ条約にせよ、西欧五ヵ国同盟条約にせよ、さらには北大西洋条約にせよ、いずれも国際連合憲章の存立を前提し、それの諸条項、なかんずく、自衛権の留保に関する第五十一条の規定や、局地的取極《とりきめ》に関する第五十二条の規定などとの法理的連関をたもちながら締結されているのであって、二つの世界にわかれて対立している諸国、ことに諸強大国が、将来なんらかの方法によって現在の緊迫せる危機的状況を緩和し、世界人類の幸福のために協力する途が打開される可能性は、依然として保有されている。戦争放棄の問題を中心としてわれわれ日本人が考えるにあたっても、このような根本事態をかえりみる必要があるとおもう。

――「世界」昭和二十四〔一九四九〕年五月号、六月号――

二　日本民族の更生の途

一

来世において人間が新しい生を獲得することができるというようなことは、宗教的信仰の立場からは考え得られるでもあろうけれど、そのような立場を離れて、個体としての人間が文字通りの意味において生れかわるということは、もちろん考え得べくもない。われわれが個人についてまたは団体について「更生」ということを問題とするときに、この語が比喩的な意味において用いられているのであることは、わかりきったことがらである。たとえば、親譲りの莫大な財産を女道楽などのために湯水のごとく使い果した放蕩息子が、ふとしたことから心機一転してある工場の労働者となり、別人のような着実な生活をいとなむようになった場合とか、強盗のような兇悪な犯罪のために幾度もつぎつぎに懲役の刑に処せられた人が、受刑中の教誨《きょうかい》によって何らかの宗教的信仰を受けいれた結果、最後に出獄してからはうって変って温良な市民としての余生を送るに至った場合などに、「彼は更生した」とか、「彼は生れかわった」とかといわれる。個人が成長して一旦その個人的性格が高度に形成された後に、あるいは急激に、あるいは漸次に、それが顕著なしかたで変化するというようなことは、まれにしか起らない事実であろう。そして、そのようにまれにしか起らない個人の性格の顕著な変化およびそれにともなう生活態度の重大な転換のあらゆる場合が、すべて「更生」とよばれるわけではなく、道徳的観点からみて、不健全な、非正常的な方向から健全な、正常的な方向へと生活の基軸の転回が行われた場合においてのみ、当の個人は更生したといわれるならいである。かようなしかたで普通には個人の場合について用いられる「更生」という語が、ときには団体の場合や企業体の場合などにも用いられるのであるが、個々の民族のありかたの歴史的発展の意義を理解するうえにも、このことばが役だち得るかとおもう。

「更生」という概念は主として倫理的なニュアンスをおびていると右に述べたが、「民族の更生」という場合には、生物学的な現象を連想せしめるような「若返り」という意味をあわせもっているようにおもわれる。たとえば、ブルボン王朝の末期のころにはフランスの文化は爛熟《らんじゅく》しきっていちじるしい頽廃《たいはい》の状態におちいり、フランス民族はある意味において老衰のきざしを示したのであったが、一七八九年に勃発した大革命のプロセスによりフランス民族は更生のみちをたどりはじめたというとき、フランスの社会が不健全な、非正常的なありかたから健全な、正常的なありかたへと転回し、進展して行ったことを意味するとともに、フランス民族が新しい生命力または生活力を獲得して若返ったことをもあわせて意味すると考えられるであろう。おなじような意味あいにおいて、一九一七年の十一月革命はロシア民族の更生のプロセスをもたらしたといい得るであろう。

相当にながい年代にわたって同一の地域に定住し、共同の経済生活をいとなんできた人民のあいだに、共同の文化、共同の歴史的伝説、共同の歴史的運命をもつようになったところから、ある程度に同一の集団をかたちづくっているとの意識が行きわたるようになった場合に、一の民族が存在している、といわれる。民族の構成単位たる諸々の個人の生命の短いのにくらべて、民族の生命ははるかに悠久である。西洋の諸民族のなかで、イギリス人やフランス人は最も早くから生長した民族であり、それだけに、他の民族にくらべると、すでに老齢に達した民族である、とも考えられるであろう。しかしながら、個人の場合とのアナロジーにおいて、古い歴史をもつ民族は、古い歴史をもっている故に民族としての生命力が老衰してしまっていると断定することは、おそらく妥当でない。多くの世代を経過するにつれて民族固有の文化は爛熟し、老衰の状態を呈するというように見られるのが通常であるけれど、その場合に問題とされているのは既存の支配階級を主たるにない手とする文化であり、また支配階級に属する人々のメンタリティである。被支配階級のうちには依然として新鮮な生命力がたもたれており、適当の時期に適正なしかたで革命が行われるときは、これによって民族は更生のプロセスをたどって行き、ふたたび潑剌《はつらつ》たる生命に若返るであろう。両スチユアート王朝の絶対主義の治世においてはげしい混乱と行きづまりの状態におちいったイギリス民族は、一六八八年の名誉革命を転機として新しい更生のみちを進んだ後、十八世紀のなかばからは資本主義の世界的発展の先頭にたった。そのために二十世紀に入ってからはイギリス文化は老境に到達し、ことに第一次世界戦争以後におけるイギリス民族はいちじるしく生命力の衰えを示すにいたったといわれているが、労働党内閣によって着手された漸進的社会主義の政策は、テンポはゆるやかであるにもせよ、イギリス民族の更生のプロセスのいとぐちをひらいたものと見ることができるのではなかろうか。さらに、イギリスの場合にもまさって早くからフランス文化の爛熟と頽廃的傾向は人々の好んで論じきたったところであり、フランス民族は苦悩の皺《しわ》が深くひたいに刻みこまれた老人にたとえられるのであるけれど、それはフランス社会の一面のみに即した見かたであって、勤労大衆のあいだに保持されているたくましい生活力はやがて、機会にめぐまれるならば、フランス民族の輝かしい更生にみちびく可能性をもっているものであることを看過すべきではない。

民族に関する社会学的諸学説は主として西洋の諸民族を視野のなかにおく立場から構成されたのであって、東洋の諸民族は概して閑却されたきらいがあるが、たとえば中国民族や日本民族などは西洋のどの民族よりもずっと古い歴史をもつものであり、その生長のしかたや存在のしかたにおいて後者とは相違する点があるようにおもわれる。とりわけ中国民族はきわめて古い歴史をもっており、清朝の末期には文化的に老衰の極に達した観があったが、辛亥革命〔一九一一―一二年〕に端を発する民国の成長はこの民族の更生のプロセスを意味するものというべく、第二次世界戦争後に中共政権が中国のほとんど全地域を支配するにいたってからは、民族の更生の勢いは真に目ざましいものがあり、この最も古い歴史をもつ民族がきわめて若々しい姿を全世界の人々の注視の前にあらわしつつあることは、現代における驚異の一つである。

二

日本民族の成長の歴史はおそらく千五、六百年の過去にさかのぼるものといい得べく、したがって日本民族もまた西洋のどの民族よりも年老いた民族だといい得るであろう。このことはとりもなおさず文化の観点からみて日本人がずいぶんと高齢に達している民族であることを意味する。昨年（一九五一年）の四月に任を解かれたマッカーサー元帥が、帰国後に米国の上院委員会における証言のなかで、「日本人は現代文明の標準からいえば、まだ十二歳の少年である」と述べたということを、朝日新聞の中村特派員が報道し、それが五月十六日の紙上に掲載されて以来いろいろの人々がいろいろの機会にくり返しこの言葉を引用し、最近でもたえずそのような事例を見うける。朝日新聞の記事がはなはだ簡単であったために、どのような前後のかかわり合いにおいて右の言葉が述べられたものであるかがわからず、そのためにマ元帥の発言の真意が人々によって誤り解せられたきらいがあるようにおもわれる。マ元帥が右のような発言をしたのはつぎのような陳述の中においてである。——「ドイツの問題は日本の問題と全く且つ完全に異つています。ドイツ人は成熟した民族でした。もしもアングロ・サクソン民族が科学や芸術、宗教や文化の発展段階において、いまかりに四十五才ぐらいだとしますと、ドイツ人もそれと同じ程度に成熟していました。ところが日本人は、時間的に云えばその歴史は古いのだが、まだほんの訓練期にあつたと云うべきでしょう。近代文明の標準からいえばわれわれが四十五才であるのに比べて、マア十二才の少年といつたところでしよう。訓練期にあつたために、かれらは新しいモデルや新しい考え方を受けいれやすい状態にあつたわけです。つまり、かれらにたいしては、基礎的なものの見方を植付けることが出来るのです。……ところが、ドイツ人のばあいは、われわれと同じように成熟している。ドイツ人が現代社会の道義の基準に反して何ごとかをしたとすれば、それは故意にしたものというべきです。ドイツ人は、世界についての智識を欠いていたために、そうしたのではありません。日本人のばあいは、云わば誤つて罪を犯したということができるのですが、ドイツ人のばあいはそうではありません。」これは〔ラッセル・〕ロング上院議員〔一九一八—二〇〇三年〕が、マ元帥による日本占領がうまくいったかどうかというような質問をしたことからはじまって、両者のあいだに二、三の応酬があった後に、マ元帥が行った陳述であり、日本人の文化的年齢は十二歳くらいだという言葉は、むしろ好意的に使ったものらしいとのことである（注）。

注　凡都人「パイプの煙」による（フェビアン研究、第二巻第七号〔一九五一年七月〕）。

「日本人十二歳説」がはたして日本人に対する好意的な見地から述べられたものかどうかは別問題として、とにかく「近代文明の標準からいえば、日本人は十二歳の少年といったところである」ということは、おそらく妥当な判断だと考えられるであろう。しかも、それだからといって、範囲を近代文化に局限しないで、ひろく文化一般の観点からみるときは、日本人はアングロサクソン人などよりも年長者であるということは否定しがたい事実である。私たちは、日本民族が、近代文化の上からみて、十二歳そこその少年であるにすぎないことを深く反省する必要があると同時に、きわめて古い歴史的・文化的伝統をもつ民族であり、かつそのなかには相当にすぐれた成分もふくまれているということを確信してもよいであろう。ただし、「過去において、現代社会の道義の基準に反して日本人が為したことは、故意にしたものではなく、世界についての知識を欠いていたために、いわば誤って罪を犯したようなものである」というような虫のよい考えかたを日本人自身がすることは決して許されぬであろうけれど。

ところで、かりにアングロサクソン民族の文化的年齢は四十五歳くらいであるとすると、日本民族のそれは十二歳くらいだ、という説には、あまり異議をさしはさむ余地はないようだけれど、一度ならず二度までも世界戦争をひき起したドイツ民族を、アングロサクソン民族と同じ年配の成人に見たてることは、どんなものであろうか。ヒットラーとその党派の巧みな宣伝に乗せられて、彼らの政権を成りたたしめたあげく、せっかくワイマール憲法の下にたどりはじめた更生のコースを逆もどりして行き、一世代も経過しないうちにふたたび連合軍に対して無条件降伏をしなければならぬ羽目におちいったいきさつをかえりみると、日本人にくらべればだいぶん年長者であるにもせよ、アングロサクソン人よりもだいぶん若いドイツ人であるらしい、といわざるを得ないのではなかろうか。もっとも、文化的年齢と政治的年齢とを区別して考えて、文化的年齢の上ではアングロサクソン人とドイツ人とは同じ年配であるのに反して、政治的年齢の上では両者のあいだにかなり大きいへだたりがある、といった方が一層妥当であるかも知れない。

三

一九四五年に日本の陸海軍が連合国に対して無条件降伏を行い、連合国軍による保障占領が開始されたときをさかいとして、古い日本の歴史はおわり、新しい日本の歴史がはじまった、と見ることは疑いもなく有意義である。たとい一時的であるにもせよ、かつてひとたびも失ったことのない国家的独立が失われたばかりでなく、ひき続いて憲法の改正が行われた結果、多くの世紀にわたって君臨してきた天皇はそのような資格をもたないものとなり、建国以来はじめて国民が主権の持ち主となったうえ、立法的手段によるさまざまの重大な変革がつぎつぎに行われたからである。

民主主義の思想は絶対に我国の国体と相容れない非愛国的思想であるとの刻印を打たれていたために、「デモクラシー」ということばを「民本主義」と訳するというようなデリケートな心づかいをした政治学者があったり、天皇機関説は天皇の神聖なる権威を冒瀆するものだとしてきびしく弾圧されたりしていた日本の国情であったのが、敗戦後には民主主義の理念が堂々として祖国再建の指導理念として標榜され、天皇の新しい地位は主権の存する日本国民の総意にもとづくものである旨が憲法の第一条のなかでうたわれることとなった。軍備の充実、武力の増大ということが国策の第一義とされ、軍部の意向がつねに外交の方針を根本的に制約するというありさまであったのが、憲法のなかに戦争放棄の条項がかかげられ、平和主義の理念が民主主義のそれとならんで祖国再建の指導理念としてみとめられることとなった。たしかに、敗戦を機として日本の国家的性格は根本的な変化をきたし、日本民族は生れかわって再出発をなすべき運命に遭遇したものというべきであろう。しかしながら、それと同時に、明治維新のときをさかいにして、古い日本の歴史にピリオッドがうたれ、あたらしい日本の歴史がはじまり、それ以来、政府と人民とが協力して日本の社会および国家の近代化のプロセスを推し進めてきたのであるが、さまざまの事情にわざわいされて日本の近代化が不十分な程度において、また畸形的なしかたにおいてしか実現されなかったのを、このたびの敗戦を機として、もっと本格的に日本の近代化を達成すべき時代が到来したのである、と見ることも十分に根拠があるといわねばならぬ。マ元帥が、「日本人は、現代文明の標準からいえば、乳臭い赤ん坊である」といわないで、「まだ十二歳の少年である」と判断したのが、いかなることがらを念頭においたことによるものであるかはわからないけれど、おそらく占領政策によって訓練された数年の短い期間にそのあたりの年齢まで日本人が成長したものと考えたわけでなく、明治期以来の成長のどあいをあらまし考慮に入れたことであろうと推察される。

さて、西洋の先進諸国の民族がいわゆる近代社会の形成を完遂して行ったプロセスを回顧すると、前近代的・封建的政治体制が崩壊するにつれて、近代的政治体制がしだいに確立され、これと照応して前近代的・封建経済組織に代って資本主義経済がしだいに国民経済を全面的に制約するようになった。各国別に特有のしかたで進行した、そのようなプロセスは、常に相互制約的な連関のうちに成り立ったのであり、しかも、かような国際政治的ならびに国際経済的連関の範囲は、ヨーロッパを中心として逐次的に全世界にひろがって行った。他面ではルネッサンスや宗教改革運動につながる啓蒙思想のうごきが、自然科学、ついでは社会科学の発達を背景として展開し、十八世紀から十九世紀にわたって各国の社会における相当に広い民衆の範囲に啓蒙的効果を収めた。そして、これらの諸事情の綜合的な制約によって、諸般の制度や生活様式の民主主義化と社会的生活態度の民主主義化がさまざまの程度において行われた。

十七世紀後半から頭をもたげた啓蒙哲学が十八世紀に入ってからヨーロッパの思想界を風《ふう》靡《び》するにいたったころ、カントは「啓蒙とは何ぞや」という問いに対して、「啓蒙とは人が自らその責を負うべき未成年から脱出することである」という答えをあたえたが、西洋の諸民族がいくらかずつ前後して、思想の上で、さらに生活態度の上で、未成年の状態から脱出するにつれて、その形成する社会は真に近代社会としての生活をそなえるようになって現代におよんでいる。法律は一定の年齢をさかいとして成年と未成年との区別をたてるのであるが、もちろんカントのいわゆる未成年は法律的意義における未成年を指すわけではない。社会を構成する一員としての自己の存在について明確な自覚をもつようになったときに、個人は成年に達したものと考えられ、未だそのような自覚をもっていない場合に、個人は未成年の状態にとどまっていると考えられるのである。これは個人についての成年と未成年との区別であるが、民族の場合には、民族をかたちづくっている人々のより広い範囲に、ここに述べたような個人的自覚がひろがって行くに応じて、民族は未成年の状態から成年の状態に移るといい得べく、ある民族の政治生活の中心をしめる階層に属する人々が十分に啓蒙されているか否かということは、その民族が成年の状態に達しているか否かを判断するための確実な手がかりの一つとして役だつであろう。

日本人の政治的年齢が十二歳程度であるということは、日本民族が未だ啓蒙期を通過していないことを反映するものに外ならない。そこで今回の敗戦を機として開始した日本民族の更生のプロセスは、民族的啓蒙のプロセスをともなわなければならぬはずであるが、西洋の先進諸国では、高度資本主義が頭をもたげるにいたった時期にさきだって、啓蒙のプロセスが進行したのと違って、わが国ではすでに高度資本主義の発展を背景とする帝国主義戦争をたたかって敗れた後に啓蒙のプロセスの進行が要請されるわけであり、事態ははなはだ複雑だといわざるを得ない。

四

明治期以来わが国の小学校や中学校などでは、修身の時間や歴史の時間に、「金甌《きんおう》無欠《むけつ》の国体」をもっている日本の国のくにがらは、世界にたぐいのないありがたいものであるということを、くり返し生徒に教えて、忠君愛国の念を彼らの頭のなかにたたきこんだものであった。統治権の総攬《そうらん》者としてきわめて強大な権能を有する天皇を中心として、がっちりと組み立てられた政治体制を基軸として成りたっていた日本の全社会組織に対し、一九四五年の敗戦と陸海軍の無条件降伏は激烈な衝動をあたえた。憲法の改正により全く新しい構成原理にしたがって新しい政治体制が打ち立てられ、それを基軸として全社会組織が再整備された。かようにして日本民族の更生のプロセスは開拓され、明治維新のころからはじまった日本社会の近代化が本格的に進められる時期が到来した。もっとも、このような判断は相当に遠い将来を見通した考えかたにもとづくのであって、もちろんこれからさき事態は一進一退しつつ複雑な曲折をえがきながら展開するに相違ないであろう。

一九四五年の敗戦の後に、もしも連合国による日本の国土の保障占領ならびに連合国総司令官による日本の政治の管理ということが行われないで、日本人のなすがままに放任されたのであったならば、事態はどのようなしかたで展開したのであったろうか。おそらく依然として従来のままの天皇制を後生大事に護持しながら、おとろえつくした国力をたよりにどうかこうか民族的生存を保持することに懸命の努力を続けるというような羽目におちいったのではなかろうか。かような仮定的想像をこころみるまでもないほどに明白なことがらであろうけれど、敗戦を機として日本民族の更生のプロセスがはじまったのは、ポツダム宣言に由来する連合国の占領政策の基本方針によるのであるが、かえりみると、総じて日本人はすなおにこの基本方針を受け容れた、といい得るかと思う。マーク・ゲイン〔一九〇二―八一年〕が「ニッポン日記」〔筑摩書房、一九五一年〕の中で当時の日本側の役人たちの小ざかしく腹黒い言動を洗いざらい描写しているのをよんでみても、そのころ政治や行政の中心に動いていた人々が表面はいんぎんな態度で、内心は不承不承に総司令部側からの要請に聴《ちょう》従《じゅう》したことが推察されるのであるが、一般の国民は概して「平和的な、民主的な新しい日本」の再建に向けられた基本方針をすなおによろこんで受けいれた、ということが妥当とされるであろう。類似した事情の下に西ドイツの人たちが連合国側の指導方針に対していろいろと抵抗をこころみがちであったらしいのとくらべて、日本人がそのような態度にでなかったのは、政治的年齢において日本人が十二歳程度でしかないことによるのかも知れないけれど、根本的には、提示された基本方針が日本民族の更生のみちを指すものであるということを、国民大衆が漠然とではあるけれど直覚的に了得したことによるのではあるまいか。一九四七年四月二十五日に行われた衆議院議員選挙により社会党が百四十四の議席を獲得して第一党となった事実は、そのようなことがらを明瞭に反映したものと見ることができるであろう。

敗戦を機として日本民族が自ら深く反省し、その結果として自分自身の力によって更生の途を切りひらいたわけではなく、連合国側の手によって切りひらかれた更生の途を、指し示されたところに素直にしたがって日本民族があゆみはじめたのであったことは、その後の日本民族のあゆみかたを根本的に制約せざるを得なかった。一九四七年の衆議院議員選挙の日にさきだつこと三ヵ月ばかり前に二・一ゼネスト中止の命令が発せられたというような事実は、国際的制約の下に進行せざるを得ない日本社会の近代化のプロセスが、複雑なコースをたどるべき運命をもつものであることをはっきりと証明した。二・一ゼネスト中止の命令が発せられてから一ヵ月あまり後には、〔ハリー・S・〕トルーマン大統領〔一八八四―一九七二年〕が米国の上下両院合同会議において、いわゆるトルーマン・ドクトリンを表明する演説を行い、さらに三ヵ月ばかり後にはマーシャル・プランが発表されたのであって、二つの世界の対立が緊張度を増大するにつれて、日本占領政策にもその影響があらわれ、日本社会の近代化のプロセスに対する国際的制約の変化をもたらした。他方では、せっかく国民の大いなる期待をうけながら成立した片山〔哲《てつ》〕〔一八八七―一九七八年〕内閣は、第二回国会において政府と社会党左派を背景とする鈴木〔茂《も》三郎《さぶろう》〕衆議院予算委員長〔一八九三―一九七〇年〕との追加予算案に関する意見の衝突が因を成して、成立後八ヵ月あまりで総辞職を行った。これについで成立した芦田〔均《ひとし》〕〔一八八七―一九五九年〕内閣もまた昭和電工事件のために七ヵ月の短命で倒れた後に、第二次吉田〔茂〕内閣の下に一九四九年一月二十三日に行われた衆議院選挙において社会党が惨敗し、民主自由党が絶対過半数を制した反面において共産党が三十五の議席を獲得したことは、国民の政治意識の烈しい動揺を反映するものであった。

五

さまざまの社会的・経済的条件が十分に成熟したところで十九世紀の末年に発足したイギ

リスの労働党が、それ以来一歩一歩と着実に成長を続けた後、一九二三年の総選挙において百九十一の議席を占め、自由党の側面からの支持をうけて、はじめて内閣を組織したのとは全く事情を異にして、終戦後未だ二年にもみたず、日本社会が大幅の動揺を続けていたころに行われた総選挙により社会党が一躍して衆議院の第一党となり、ついで民主、国協両党と協力して政権を担当するようになったことは、日本の民主化、民族の更生のプロセスの堅実な、順調な発展をさまたげる重大な要因をつくったことはあらそえない。その前年の一九四六年の十二月末から吉田首相は社会党との連立の交渉を開始し、西尾〔末広《すえひろ》〕氏〔一八九一―一九八一年〕を中心とする〔社会党〕右派の人々はかなり乗り気になったというような、奇怪ないきさつがあった後に、左派の強硬な反対のために工作はうちきりとなった。かかる事実によって露出したような複雑な社会党内部の事情をはらんだままにできあがった社会、民主、国協の連立内閣が、結局そうした事情のために政治的な行きづまりにぶっつかって退陣し、その後を引きついだ芦田連立内閣が野たれ死にをとげたために、国民の政治意識に大いなる反動作用を生じ、民自党が衆議院で絶対多数を占める結果にみちびいた。それはあたかも終戦後約三年半を経過し、米英両国の政府の側で対日講和の問題が真剣にとり上げられる形勢があらわれはじめた時期であって、かような汐《しお》さきに第三次吉田内閣が成立したことは、いわば運命の女神の悪意にみちたしわざのようなものであった。

その年の九月のなかばにアメリカの〔ディーン・〕アチソン国務長官〔一八九三―一九七

一年〕とイギリスの〔アーネスト・〕ベヴィン外相〔一八八一―一九五一年〕とのあいだで、なるべく短い期間にアメリカ側で対日講和条約の草案をつくってイギリスに提示した上、それについて両国政府が討議するということについて了解が成立した。こえて十一月のはじめには、アメリカ国務省で条約草案をほぼつくり上げたということが報道されて、そのころ開会中であったわが国の国会でさっそく講和問題に関する質問や論議が行われ、一般世間においても、全面講和か単独講和かの論点を中心としてさかんに論争が行われはじめた。翌一九五〇年にそれが高潮に達したころに朝鮮の動乱が発生したために二つの世界の対立はいちじるしく険悪さを増大したが、十一月下旬に中国義勇軍が参戦するにおよんで新しい世界戦争の危機の切迫が感ぜられるようになった。その予感は的中しないで、戦争は局地化されたけれど、一九五一年の春のころから対日講和を促進しようとする努力がアメリカによって進められ、かつおそらく朝鮮の戦乱の影響のために日米安全保障条約を講和条約に結びつけようとする意図がはたらくようになった。サンフランシスコで調印された二つの条約の締結について承認を求める政府案がついに十一月十八日に国会を通過したが、かような帰結にみちびいた主因は、一九四九年一月の衆議院議員選挙によってあたえられたといい得るであろう。

真に世界平和の確保のために貢献し、そして国民の基本的人権が十分に尊重されるところの祖国を再建することによってのみ、日本民族の更生は実現されるはずであるが、そのような意味における祖国の再建にとって重大な障碍《しょうがい》をもたらすおそれの多分にある二つの条約が、国会によって承認され、政府によって批准されるにいたったのは、ひっきょうこれまた日本人の政治的年齢のいとけなさによるものだというほかはない。

昨年（一九五一年）五月三日の憲法記念日を前にして〔マシュー・〕リッジウエイ最高司令官〔一八九五―一九九三年〕は声明を発し、そのなかで「日本政府は総司令部からの指令実施のために発布された諸法令に再検討を加え、過去の経験ならびに現在の情勢に照らして必要かつ望ましいと見られる修正を既定の手続によって加えられることを許された」ということを提言した。それ以来、待ちかまえていたというように、政治、経済、労働、教育、等々の諸部面にわたって、戦後せっかく開始され、相当の程度に成果をおさめつつある革新的・進歩的立法事業の方向に逆行して、日本社会の民主化を後退させるような修正・改悪をもたらそうとする主張や努力がかなり目にたつようになった。そのほか「逆コース」ということばによっていいあらわされるところの種々の現象が、講和条約の発効のときが近づくにつれてさかんに簇生《そうせい》しつつある。一括して逆コース的といわれている現象のなかには、不当に斥けられたところのものを回復しようとする自然の要求にもとづくものもあるように見うけられるけれど、概して正しい方向における祖国再建の歴史的事業の進捗をさまたげたり、停滞させたりする性質のものが多いようである。ながい世代にわたって形成されて来た歴史的伝統に立脚することによって民族は存在するものであるとはいうものの、現在のごとく民族の更生が要請される時期においては、そのために必要なかぎりおもいきって歴史的伝統の中の非民主的な諸成分を棄却しなければならぬ。政治的体制が根本的に変革されたのとは違って、国民経済の構造に対してはそのような変革が加えられなかったために、資本主義体制は依然として存続しているわけであるが、それの高度の成熟によってその内面に醸成された種々の欠陥・害悪をとり除いたりまたは矯正したりするために行われた戦後の民主的諸立法の効果を否定し、または減殺しようとするような逆行的努力は能《あた》う限り排撃されねばならぬことはいうまでもない。官僚や右翼政党のなかにも、そうした逆行的立法をもくろんでいる人たちのほかに、よく事理《じり》をわきまえている人たちもあることだろうし、健全な世論を背景として左翼政党が懸命に努力するだろうと予想されるけれど、どの程度にブレーキの作用が効果をおさめることができるであろうか。

独占資本を擁する財閥とともに戦前の侵略的軍国主義の経済的・社会的基礎をかたちづくっていた農民層を民主化するために、終戦後画期的な農地改革が実施され、大規模に小作農の解放が行われたというものの、零細農が人口の大部分を占めている農村は、日本社会の近代化に対し依然として頑強に抵抗する地盤となっている。終戦の翌年に早くもめざましい勢力の伸張をあらわした組織労働者層は、日本社会の民主化のために最も主要の役割を演ずべき使命を課せられているものであるが、これまでの実状をかえりみると、進んだ政治意識をもっている者は概して組合幹部またはそれに準ずる人々にかぎられ、大多数の組合員の意識はどれだけも啓蒙されていないありさまである。大企業に対する中小企業の数的比率のきわめて大きいことは周知のごとく日本経済のいちじるしい特色の一つとなっているが、しかも中小企業に従事する労働者の組織化は遅々たるものであり、ここにも啓蒙されない大衆層が存在している。さまざまの職業的地位に分散している、いわゆる知識階級は、他の諸階級にくらべて近代的知性の持ち主をより多く包容しているべきはずであるけれど、「その責を負うべき未成年」の状態から脱出していない人々が意外におびただしいように見うけられる。男女平等の原則を確立した戦後の立法が、全国総人口の過半数をかたちづくる女性に対してあたえた思想的影響は侮《あなど》りがたいものがあるとおもうが、おしなべて見れば男性にくらべて女性が啓蒙の程度においてかなりおくれていることは争いがたいであろう。

国際法および国際正義に反する戦争の遂行により世界人類に対して測り知れないわざわいをおよぼした罪過を犯した責任は、日本民族が全体として負わねばならぬ、というように、国際社会を通じて一般的に考えられている。これに関して法の観点から種々の問責の方法がすでに実行され、または実行されようとしているが、より深い道義の観点からみれば、以前とは全く性格を異にした民主的平和国家を再建して、民族的に更生することによってこそ、真実の意味における罪過のつぐないは果たされるというべく、またそのような目標にむかって進んで行くことによってのみ、真実の意味における民族の独立と福祉とは実現され得るであろう。来年（一九五二年）度予算案が最近編成されたのを見ると、警察予備隊を高度に増強することにより、擬装的なしかたによる軍備復活がもくろまれているようにおもわれるが、やがては公然と再軍備を実現するために憲法第九条をあらためようとする提案があらわれる公算が大きい。「もう戦争はまっぴら御免である。二度とあのような経験はくり返したくない。いつまでも平和の日が続いて欲しい」という念願は、大多数の国民のあいだにあまねく行きわたっているけれど、「武力によらないで国家の独立を守ることはできない。いやしくも独立国が他国の軍備にたよるようなことであってはならない」というように説きたてられると、たいていの人々は「それもそうだ」とたやすく説き伏せられるようである。だが、現在の国際情勢や日本のおかれている特殊の地位をめぐるはなはだ複雑な事態を解きほぐして説明し、日本の存立と発展を全くして行くための真正のみちを懇切に指し示す人にであうと、それらの人々はさらによく考えて、「なるほど、そうだ」と会得する場合が少くない。高い調子のスローガンをかかげて一般の人々によびかけることも必要であろうけれど、それから生ずる効果に対して多くを期待することはできない。真に祖国を愛し、民族の更生を切実に念願する人々が、たえず根気よく平静な、おだやかな態度で、できるだけ多くの人々にはたらきかける努力を持続することが何よりも望ましい。たとえば、右にも左にも千《せん》仞《じん》の断崖をひかえているところの、馬の背のように幅のせまい尾根道を一歩一歩用心深くたどって行かねばならぬというのが、おそらく今後における日本民族の更生のみちであろう。それだのに、無分別に、独善的に重大な国家の問題を決定することをはばからない政府の態度を根本的に反省してほしいものである。

――「世界」昭和二十七〔一九五二〕年三月号――

三　憲法と新しい道徳基準

一

敗戦の結果として、明治期以来つぎつぎに獲得した海外の領土はすべて日本の主権から離脱することとなり、四つの島に約八千四百万人の人間がひしめきあいながら生活をいとなみ、民族としての存在を続けて行かねばならぬようになったことは、なんといってもきわめてみじめな、自業自得のなり行きであるけれど、一八五八年に欧米の五ヵ国と開国条約を締結することによってわが国が正式に国際社会の仲間入りをした当時の版図はあたかもそれらの四つの島の範囲であったことをかえりみると、敗戦のために、過去における侵略的軍国主義の獲物をきれいさっぱりと放棄して、日本民族の本来のありかたにたちかえった、とも考えられるであろう。だが、もちろん、それは八千四百万人の人間が共同の民族的存在を持続して行くための地域のひろがりに関するだけのことであって、一八五八年の開国以来一世紀に近いあいだ日本民族がたどってきた歴史的発展の帰結として、これまでの日本国家の性格を根本的にあらためることにより、「公正と自由とを愛し、世界平和ならびに世界文化のために貢献し得るような民族」として更生すべき歴史的課題をあたえられ、あらゆる悪条件、あらゆる障碍《しようがい》にくるしめられながら、難渋の数歩をあゆみだしはじめているというのが、現在における日本民族のすがたである、と見るべきであろう。

敗戦によって日本の国土の面積は以前のそれの二分の一に近い大きさに縮小したのに反して、終戦のころ八千万人にみたなかった全国総人口はすでに八千四百万人をこえようとしている。かような大きさをもつ国土と人口との結合からしてたえず生みだされる力の総量のはたらきによって日本民族の存在がたもたれ、その発展が可能とされるほかはないわけであるが、国土の提供するさまざまの自然的資源と国民の精神力および体力との結びつきを媒介する作用をいとなむ一切の制度の綜合的全体において中核的地位を占めるものは、憲法によって定立された諸制度である。したがって、あたらしい日本の建設、日本民族の更生のプロセスの進行にとって、日本国憲法が至大《しだい》の意義をもつことは、あらためていうまでもない。もとより、それは決して完全無欠の憲法であるわけではなく、いろいろの不備の点と欠陥を内含するものではあるけれど、旧憲法にくらべると、全体としてははるかにたちまさったものであり、その根柢をなす理念または精神にしたがって、それの定立した諸制度が適当なしかたで運営されるならば、しだいにめざましい現実的効果が生みだされることは十分に可能である。

旧憲法が制定されたころの日本人は、政治的年齢のうえからみて、まだ乳臭い赤ん坊であったに相違ない。だから、西洋の先進諸国の憲法が模範として役だてられたのであったし、草案の作成にいたるまでにはいろいろと西洋の学者の助力に負うところが少なくなかった。しかしながら、ともかくも日本人が自主的な立場において自力により旧憲法を制定したのであったのと違って、あたらしい憲法の制定は、形式的には天皇の勅命《ちょくめい》により帝国議会の議に付して憲法を改正するという手続によって行われたとはいうものの、実質的には、連合国総司令部の側からの提案を、大体においてそのままうけいれることによって新しく憲法が制定されたのであったことは、周知の事実である。旧憲法の制定当時から半世紀以上を経過して、日本人の政治的年齢は十二歳前後に到達したかも知れないけれど、もしもその程度の政治的年齢の日本人が自分自身の力で憲法の改正を行ったとしたら、到底あたらしい日本の建設、日本民族の更生のために真に役だち得るような国家の根本法が制定されることは不可能であったに相違ない。それだけに、国民の政治的能力に比してよほど進みすぎている憲法だ、と考えられるかも知れないが、この点については旧憲法が実施された当時の事情をかえりみると、あたらしい制度と日本人の政治的能力との不均衡は一層いちじるしいものがあったようである。第一回の衆議院議員の総選挙が行われたときに、役人たちも、一般人民も、全く勝手がわからないで一方《ひとかた》ならずまごついたといういろいろのエピソードが伝えられているのをみても、おもいなかばにすぎるものがある。

「日本人十二歳説」の含意するところは、政治の中心またはその周辺に活動する人々を除いた普通の国民の政治的能力だけに関するものではなく、内閣の諸大臣や国会議員などをもふくめて、全体としての日本国民に関するものである。一つの民族としての日本人が「自らその責を負うべき未成年から脱出する」境地からかなり低いところにたっていることを意味するのである。

「世の中をより良いものにあらためて行くためには、諸々の制度を改善することが不可欠の前提である」と主張する見解があると同時に、「制度は死物である。制度を活かすものは人間である。人間があらためられるのでなければ、世の中は決してより良いものとはなり得ない」と主張する見解がある。いい古された、これらの二つの見解は、いわばそれぞれ盾の一面のみに即してたてられたものであって、必ずしもたがいに相容れないものではないが、社会または国家の変革期においては概して制度の改革が先行し、主体の側の変化が遅れて生ずるのが通常であり、敗戦後における日本の場合もその一事例である。日本人の政治的力量にくらべて進みすぎた嫌いがある憲法であるにもせよ、これによって定立された諸々の制度を役だてることにより、以前よりはたちまさった祖国を再建しようとする熱意が国民のあいだから盛りあがるにつれて、真にそれらの制度を活用する政治的力量をしだいに国民が獲得するにいたるであろう。

二

敗戦後のわが国の世相におけるとくに顕著な一面として、社会秩序の弛緩、道徳の荒廃という事実を指摘し、これを慨嘆する意見が発表されるのをたえず見たり、聴いたりする。いろいろの機会にいろいろの立場からそのような意見がくり返し発表されること自体が、現在の世相の一面ともなっている。もちろん、これは敗戦国にありがちな現象であるとはいうものの、敗戦のいたでがとくに深刻であっただけに、わが国の場合のごときはひときわ目にたつものとなっているのであろう。

「制度の改善がさきか、人間の向上がさきか」というように、二者択一的に問題を立てる考えかたに類似したしかたで、「経済生活の正常化が第一か、道徳の健全化が第一か」というように、二者択一的に問題を立てることがしばしば行われる。敗戦後の道徳の荒廃について語る人が、いかなる事実に着眼しているかは一様でないけれど、犯罪統計とか、新聞紙上に日毎にあらわれる犯罪記事などを念頭においている場合が多いように見うけられる。すなわち統計面にあらわれた年別犯罪計数の激増、特に兇悪犯罪、知能的・計画的犯罪、青少年犯罪、等々の激増、またそれらを個々の具体的なかたちにおいて、おまけに興味本位で報道しがちな新聞記事のたぐいが、社会の道徳的水準の低下について語る人々の意見の基礎、少くともその重要なる部分となっている場合が多いであろう。そして、これが対策として、なんらかの適切有効な方法により国民道徳の振興、健全化が急務であると主張する人々があるとともに、そのような憂慮すべき現象の発生を来たす根源たる経済生活の重大な欠陥を克服することが何よりも必要だと主張する人々がある。これらの二様の見解の中で、たしかに後者こそは現実に即した妥当な見解であるに相違ないが、現在の日本の国民経済が露呈しているさまざまの不正常な、不健全な状態を克服して一般民衆の生活を安定せしめるためには、ぜひとも相当におもいきった政治的方策に依るほかはないこともはなはだ明白である。しかも、所要の政治的方策の立案および決定にたずさわる人々や、それの実施にたずさわる人々の道徳意識および道徳的実践があらたまるのでなければ、国民経済の底層にひろがっている暗黒面が克服される見こみは到底たち得ないであろう。終戦後まもなく戦時中のきびしい生活統制のわくがゆるめられるとともに、デモクラシーということばがいわばお題目のようにさかんにとなえられたところから、「自由」の真の意味をとりちがえて、気随気儘《きずいきまま》な、勝手放題のふるまいにでることをはばからない傾向が、かなり目にたって世間にひろがり、単に既成の習俗的秩序を無視するというだけではなく、ヒューマニティに反する極端の行動を平気でくり返すような事例が以前のころにくらべて激増したことはたしかである。だが、そうした末梢的な事実よりも、政治機構や行政機構のなかにたつ人々の道徳意識の弛緩、良心の麻痺こそは、はるかにより重大な意義をもっている。戦争のもたらした絶大のわざわいの影響を被って困窮と不安のなかに辛うじて日毎の生活をいとなんでいる無数の人々のくるしみをよそにして、無反省に独善的な政治を推し進めて行く人々が中枢的地位を占めている政治機構や行政機構の内面には、たえず大小の忌《いま》わしい汚職事件が生みだされている。ところで、戦後の日本社会では道徳の一般的水準が以前にくらべて低下したということを、わかりきったことがらであるかのように主張する人が多いのであるが、果していちがいにそのように判断し得るものであろうか。道徳的進歩を示すような現象には注意をむけることなく、道徳的非難に値いするような現象だけに着眼して、簡単にそうした判断が下されるのではなかろうか。それはともあれ、現在の日本社会における道徳的水準は決して満足すべき程度のものではなく、これからさき層一層《そういっそう》高められて行く必要があるということは、うたがいもなく正しい主張であるとみとめられるであろう。

戦後の日本社会における道徳の問題について論ずる人々が、「かつて日本人の心のよりどころであったところのもの、いいかえると、国民一般にとって精神的支柱として役だっていたところのものが失われてしまい、しかもそれに代るべきところのものが与えられていないために、国民一般が無理想の状態に彷徨している」といったような趣旨のことを述べるのをしばしば見受ける。その際、かつて国民一般にとって「心のよりどころ」であり、「精神的支柱」であったのは、忠君愛国の理想とか、教育勅語の根本精神とかにほかならない、と考えられているようである。

この種の論議がいろいろの方面でかなり熱心にとなえられたことに基いて、「国民実践要領」を作成して国民に提示しようとする天野〔貞祐《ていゆう》〕文相〔一八八四―一九八〇年〕の意向が生れたわけであろう。昨年（一九五一年）九月二十二日に富山県下の講演旅行に赴く車中で天野文相は記者団と会見した際に、そのような意向をもらしたが、その後、文相自身の手によってまとめられた「国民実践要領草案」が新聞紙上に掲載されたのを見ると、第一章、個人、第二章、家庭、第三章、社会、第四章、国家とわかったうえで、二十七の項目にわたって道徳の基準に関することが述べられている。それらの中でも、第四章、国家の中の「六、天皇」の項目において、「われわれは独自の国体として国家の象徴たる天皇を持っている。長い歴史を通じて天皇があったところにわが国の特徴がある。天皇の地位は国家の象徴として道徳的中心たる性格をもっている」と述べてあるのが、とくに人々の注目をひきつけた。

かような内容をもつ「国民実践要領」を文部大臣の名において国民に提示しようとする企ては相当に大きい反響をよびおこした。これを支持し、是認する意見もあらわれたようであるけれど、概してこれに反対する有力な意見が優勢であった。反対は、一方では、この種の文書を文部大臣の名において発表することが妥当でないという点にむけられ、他方では、その内容、とりわけ天皇をもって道徳的中心とみとめることが妥当でないという点にむけられた。国会においてもこの問題がとりあげられ、十一月二十六日に参議院の文部委員会は学者、教育家、社会人など九氏を参考人として招いて、その意見を聴き、翌二十七日には同院の文部、法務、予算の各委員会が天野文相の出席を求めて質問を行った。この日の午後の記者会見で天野文相は、「国民実践要領は自分の我を張って出そうというのでなく、国民のためにと考えているのだからすべてに虚心でいく。世論が悪ければ出すことを中止することもあるだろう。出すことが良いか、悪いかを時を見て良く考えて見たい。ただ、二十六日の参議院文部委員会での参考人の意見がすべて反対だからというので心境が変ったものではない」と述べた（朝日新聞、一九五一年十一月二十七日付〔夕刊〕）。その後の経過を見ると、結局右の企ては沙汰《さた》止《や》みとなったらしい。

天野文相がこの問題に関する世論を虚心で検討し、熟考した上で、自己の意向を固執することなく、あっさりと考えをあらためられたのは、政治家としてまことに敬服すべき民主的な態度であったとおもう。

三

生いたち、性情、社会的環境、境遇、等々の異なるにつれて、各人のたどって行く人生の路程《ろてい》は、あるいは比較的に平坦なものであり、あるいははなはだけわしいものであるにもせよ、さまざまの障碍《しょうがい》にみたされていないものはあり得ないはずである。その路程をたどるにあたり、それぞれ心のよりどころまたは精神的支柱といわれ得るものを抱きながら、各人は自己の生涯をつくりだして行くのが通常であろう。

明治二十三年に旧憲法が実施されたのにさきだって発布された教育勅語が、学校教育をはじめ、その他の種々の作為を通じて、国民の道徳意識または道徳思想に対しきわめて大いなる影響をおよぼしたことは、おそらくうたがいのないところである。教育勅語はいろいろの徳目を示して、その実践を国民に要請しているが、この勅語のもたらした主たる現実的効果が忠君愛国の念の養成ということにあったことは明らかである。しかも、いろいろの公けの集会や儀式などにおいて、荘重厳粛な雰囲気のなかにうやうやしく読みあげられるというようなことが、教育勅語の現実的効果を生みだすうえにどれだけ役だったかわからない。だが、ひるがえって考えると、教育勅語の眼目たる忠君愛国の念が、一人一人の国民にとって、真に心のよりどころとなり、精神的支柱となっていたかは、はなはだ疑わしい。終戦の後に学校教育や社会教育などにおいて教育勅語が役だてられないようになったことのために、一般国民が心のよりどころまたは精神的支柱をうしなうにいたったとは考えられない。教育勅語が国民の道徳意識または道徳思想におよぼした感化はきわめて大きいものであったとはいうものの、各人の心のよりどころまたは精神的支柱の形成に寄与したというように、最深部にまで達したとはいい得ないとおもう。もしも教育勅語のもたらした現実的効果として、各人の心のよりどころや精神的支柱が形成されていたのであったとすれば、教育勅語そのものが撤廃されたからといって、ただちにそれが消え失せるようなことはあり得なかったであろう。終戦後にいたって道徳の観点からとやかくと非難されるような人々の行動が目にたって激増したのは、おそらく戦時統制にもとづくいろいろの拘束が大幅にとりはずされたこと、ならびに戦後の国民経済がいちじるしく不健全な状態におちいったことなどのような、外面的事情によるところが大きいのではあるまいか。おもうに、理論的にととのえられた道徳的基準の体系を明確に把持しつつ、それにしたがって自己の生活行動を律して行くといったような生活態度を持続している人々は、国民のなかのかぎられた一部分であって、大多数の人々は、種々の複雑な習俗的規範によって制約されながら、また家族や親類相互の関係、知人相互の関係、一般的な社会的交渉関係、さらには公共的生活関係、等々についての既成の道徳意識の拘束をうけながら、あたえられた具体的事情の下に、或る場合には主情的傾向において、或る場合には主知的傾向において、そのときどきの行動に出るのであって、道徳的基準の問題はきわめて複雑な論点をふくむものといわねばならぬ。

「社会の近代化」のプロセスというとき、社会生活の存立の物質的条件または物質的基礎の近代化、ならびに社会生活の諸部面を制約する一切の制度および技術の近代化というような外面的プロセスのほかに、経済、政治、法律、秩序、宗教、芸術、教育、社交、等々の諸分野にわたる意識の近代化というような内面的プロセスが含意されているわけであるが、後者において道徳意識の近代化はとくに中心的地位を占めるものと考えられるであろう。だから、日本社会の近代化のプロセスが本格的に進行することによって、日本民族の更生が実現されるべきであるというときにおいても、封建的・前近代的成分の克服・除却による道徳意識の近代化が主要課題の一つたらざるを得ないはずである。

一般的にいって、法と道徳とは相互制約的関係にあるのであって、法がいかなる内容と性格をもつかということが国民の道徳意識および実践に対して相当に深い影響をあたえると同時に、国民がいかなる道徳意識をいだいているかということによって法のはたらきや現実的効果が左右される程度は相当に大きいものがある。日本国憲法によって定立された諸々の制度は、日本の社会および国家の近代化を本格的に推進することのために役だつべき任務をもつものであり、その一面として、国民の道徳の近代化のために寄与するであろうことが期待されるのであるが、しかも、国民の道徳意識が日本国憲法の精神に適合するようなしかたで革新されることによってのみ、この憲法の定立する諸々の制度は真に所期の現実的効果を生みだし能《あた》うのである。もとより、この憲法の包含する諸条規は国家の機構のつくりかたや、そのはたらきかたや、国家と国民との交渉のしかたなどについて、法的基準を提示するものであって、国民に対し直接に公共的生活の道徳的基準をかかげるものではないけれど、その前文に示された根本の理念または精神、および本文の諸条規、とりわけ基本的人権に関する諸条規を通じて、間接的に、われわれ国民のよるべき公共的生活の道徳的基準がどのようなものであるべきかを推知《すいち》することができる。

四

もとの憲法、すなわち大日本帝国憲法が発布されたときの勅語および上諭《じょうゆ》と、あたらしい日本国憲法は、それぞれ旧憲法の根本精神と新憲法の精神とを表明しているものであって、顕著なコントラストを示している。旧憲法の発布勅語および上諭は、そのなかのいろいろの文句を通じて、光りまばゆいばかりに天皇の絶対的権威が反映するようにと工夫をこらして作成されているに反し、新憲法の前文は、「日本国民は、正当に選挙された国会における代表者を通じて行動し」という文句からはじまって、「日本国民は、国家の名誉にかけ、全力をあげてこの崇高な理想と目的を達成することを誓ふ」という文句で終っており、一貫して、あたらしい日本を建設しようとする国民の決意と抱負を表明している。ことに、あれほど従来の日本において至大《しだい》の存在意義をもっていた天皇について新憲法の前文が全然何事をも述べていないことは、新憲法の根本精神または根本理念がどのようなものであるかを理解するうえに、十分に念頭におかねばならぬ点である。また新憲法の提示する諸々の法的基準にしたがって新しい日本を建設する歴史的事業を進めて行くにあたり、日本国民の守るべき公共的生活の道徳的基準がどのようなものであらねばならぬかということを考えるうえにも、ここに指摘した点を確認する必要がある。

ている。それは確かな歴史的事実であって、あたらしい憲法が実施された後においてもかようなわが国の特徴は保たれているけれど、現在の天皇制は旧憲法における天皇制とは根本的に性格を異にするものであることも確かな歴史的事実である。「長い歴史を通じて天皇があったところにわが国の特徴がある。天皇の地位は国家の象徴として道徳的中心たる性格をもっている」という「国民実践要領」のことばは、この第二の歴史的事実の意味するところをなおざりにして構成された見解を示すものといわざるを得ない。前述のごとく、参議院の文部委員会に参考人として出席した九氏はいずれも、天皇を道徳的中心とみとめることに反対する意見を述べたとのことであり、一般の世論も概して力強く反対したところから、天野文相もはじめの見解をいくらかあらためられたらしく、昨年(一九五一年)十一月二十七日の参議院の法務委員会では、須藤五郎氏(一八九七―一九八八年)の質問にこたえて、「天皇を宗教的、権力的に考えてはいけない。私も親愛の中心だと考えている。親愛とは人間と人間の間がらのことであって、それは道徳的なものであるから、従って天皇は道徳的中心だと考えているわけだ。言葉が足りないために誤解されているようである」と語られたそうである(朝日新聞、一九五一年十一月二十八日付)。つまり「天皇は道徳的中心である」という考えかたは維持されているけれど、むしろ「天皇は親愛の中心である」ということに重点が移されたのであって、かつて憲法改正草案と同時に発表された「逐条義解《ちくじょうぎげ》」が、第一条前段の規定について、「わが国の基本特色は国民の心の奥に深く根を張っているところの天皇へのつながりを基とし、謂《い》わば天皇をあこがれの中心として国民全体が結合し、以て国が成立っているということにある。即ち国民は天皇を以てあこがれの中心と見るのであるから、天皇を仰ぐとき、そこに日本と云う国の姿を見、且つそこに国民自らが結合されている姿を見るということができる」との解釈をあたえているのに接近した考えかたがとられているようである。

憲法第一条前段についての「逐条義解」の解釈は妥当な解釈ではない、と私は信ずる。ある人が憲法のいずれかの条規の内容に、なんらかの道徳的なことがらを結びつけて考えることは、もちろんその人の自由に属するけれど、憲法の各条規はそれぞれ純然たる法理的意義を有するにすぎず、したがってあくまでも法の観点からその内容が把握されることを要する。「憲法第一条は、国民が天皇をあこがれの中心として見るべきことを要請するものである」というように考えるのは、憲法の条規の正しい解釈のしかたであるということを得ない。社会的事実としては、現在の国民のなかには個人として天皇に対し親愛の感情をいだいている者がずいぶん数多く見いだされることであろう。だから、そのような人々だけに範囲を局限するならば、天皇は親愛の中心となっている、ということもできるであろうけれど、憲法第一条の規定とのつながりにおいて、「天皇を親愛の中心とすべきである」という要請を、国民の公共的生活に関する道徳的基準のなかに加えることは、日本の民主化を目ざす憲法の根本精神に矛盾するしわざだといわねばならぬ。

五

天照大神《あまてらすおおかみ》の神意にもとづいて統治の大権を保有する天皇を中心として形成された政治体制を解消せしめ、その代りに、主権の持ち主たる国民の厳粛なる信託にもとづいて、国民の福利の維持増進を目標とする国政が、国民の代表者の活動によって行われるような政治体制を樹立することが、日本国憲法の眼目とするところである。憲法第一条が天皇は「日本国の象徴」であると規定しているのは、かような民主的政治体制をそなえる新しい日本国の象徴たる地位に天皇がたつべきことを意味するものにほかならない。旧憲法の行われたころにおける天皇制の「残像」を、新憲法の下における天皇の象徴的地位の上に観取しようとするのは、はなはだしいあやまりである。

さらに憲法第一条は天皇が「日本国民統合の象徴」であると規定しているが、この場合にいわゆる「国民」はすべての日本人が結合して形成する全体としての集団、すなわち日本民族を指すものと解すべきであるとおもう。したがって、日本国民の統合とは日本民族の統一的結合を意味するのであり、天皇はかかる統一的結合を象徴する地位にたつものであることを憲法第一条は規定しているというべきである。ただし天皇は日本国民の統合の原理または基礎をなすものであることを同条は決して規定しているわけではなく、天皇は単に日本国民の統合を象徴するものであることを同条は規定しているのである。日本民族をして一の民族として生成するにいたらしめた要因の一つたる歴史的伝統のなかには、万世一系と信ぜられる皇室の存在が含まれており、教育勅語は「我カ臣民克《よ》ク忠ニ克ク孝ニ億兆心《おくちょう》ヲ一ニシテ世々厥《そ》ノ美ヲ済《な》セルハ此レ我カ国体ノ精華ニシテ教育ノ淵源亦《また》実ニ此ニ存ス」と述べているのであるが、日本の民主化をめざして行われた憲法の改革によって、日本民族のありかたが根本的に革新されるべきことが要請されるにいたったために、日本民族のありかたとの関係における天皇の存在意義も根本的に変化することとなった次第である。旧憲法の下においては、国民の一人一人は天皇に対して臣民たる関係にたっていたのであるから、すべての日本人は天皇を中心として一つに結合しているものと考えられ、したがって、己れをむなしくして天皇に忠誠をつくすことが国民の道徳の第一義たるものとなす主張がたてられ得たわけであるけれど、新憲法の下においては国民たる何人《なんびと》も天皇に対して臣民たる関係にたつものではなく、したがって、天皇が道徳的中心であり得るはずはない。

法および道徳の究極の根柢をかたちづくるものは、あらゆる個人がいかなる外的権威によっても強制されることなく、ひとえに自己の内奥から発する要求にもとづいて真に自発的に肯定し得るような理念でなければならぬ。正しい意味における民主主義はあたかもかかる理念に則って、相互に自由であり平等である人々の公正なありかた、生きかたを可能ならしめる共同生活の実現と、世界平和のために貢献し得るような民族のありかたの実現とを要請するものにほかならないが、日本国憲法はかような要請をみたそうとする根本的意図にもとづいて制定されたものであり、それによって定立された諸々の制度は民主主義の要請を十分な程度にみたすものではないにもせよ、敗戦を転機として日本民族が更生の途をたどって行くうえに、多大の寄与をなし得るような内容を有するものであることは明らかである。この憲法の下に国民がいとなむ共同生活の道徳的基準たるべきところのものも正しい意味における民主主義の要請に即してさだまるべき性質のものでしかあり得ない。

多くの世紀を通じて日本の国民生活を制約してきたものは「外的権威の倫理」であった。封建時代の国民の実践は封建的支配者の権威の倫理によって制約され、明治維新後の国民の実践は天皇の権威の倫理によって制約された。外的権威の倫理の特色は、権力者に対してひたすらに忠順であり、権力者のために誠実に奉仕することが道徳的実践の根本義であるとなすこと、かつこのような基本原理の肯定をば、各人の良心と理性とに訴えるというのではなく、権力者の要請するところであるから無条件に肯定すべきであるとして、各人の承認を要求することに存する。明治維新によって封建的権力者の権威の倫理は否定され、その代りに天皇の絶対的権威の倫理が確立されたのであったが、一九四五年の敗戦を機として後者が否定され、従来の倫理とは全く本質を異にする「内的権威の倫理」が国民の実践を制約する倫理たるべき時代がはじまった。明治天皇の教育勅語のとりあつかいかたが変更されたことは、この歴史的転換を暗示するものであった。かような道徳の基本原理の転換の時期に遭遇して、一部の人々は国民の精神的支柱がとりさられたかのように感じて、ふかい憂慮の念をいだいているのであるが、外的権威の倫理の段階から一層高い内的権威の段階への進展がはじまって、各人が真に自主自律の立場で生きるべきことが要請され、国家の根本機構もそれに照応したしかたで変革されたことは、われわれ国民にとって心からよろこぶべき歴史的運命である。不法不正の戦争の遂行のためについやされた、はかり知れない絶大な犠牲によってかような意味深い道徳の進展のいとぐちがひらかれたことを明確に理解して、日本民族の未来に対し大いなる希望をいだくと同時に、今後ながい期間にわたって民族のたどって行くべき正しい方向を見きわめながら、相たずさえて堅実な歩調をもって進んで行くための用意を整えることにわれわれは懸命の努力を持続しなければならぬ。国民一般の倫理思想および道徳意識の現状をかえりみるとき、それが如何に至難の課題であるかということははなはだ明白であるけれど、その解決のプロセスはすでに進行しはじめている。講和条約の発効のときの近づくにつれてさかんに現われつつある逆コース的諸現象は、敗戦によって返らぬ過去のものと化したところのいわゆる「金甌《きんおうむ》無欠《けつ》の国体」とともに壊滅しさった精神的郷土へのはかない郷愁を表現するものにほかならないが、平和的民主国家をあたらしく建設しようとする民族の理想をふみにじってしまうようなしかたで、万一にも日本民族が逆行するにいたったならば、日本人は永久におさない政治的年齢以上に成長することができず、民族の歴史は屈従《くつじゅう》と不合理の国民生活の歴史に還元するほかはないであろう。日本民族がそのような、遂に済度《さいど》すべからざる無知無能力の民族であるとは考えられないのであって、現に当面しつつある大いなる試錬の時期をきりぬけたうえ、あざやかな更生のすがたを現すにいたるときがやがて到来するに相違ないと私はかたく信ずるものである。

――「世界」昭和二十七〔一九五二〕年四月号――

四　平和憲法と日本の運命

一

終戦後、一年また一年と経過するにつれて、日本民族のあゆんで行く前方には、異なる方向へみちびく二つの可能な途があたえられていることが、しだいに明瞭となった。その一つの途は、日本の米国に対する倚存《いぞん》または従属の程度を層一層《そういっそう》高めるとともに、敗戦後にせっかく開始された日本の民主化の過程を動揺させ、かえってそれを否定しようとする過程を助長する方向へと日本をみちびくものであり、それに加えて、日本をふたたび大規模の戦争の渦中にまきこみ、太平洋戦争の場合よりも一層おそろしい戦禍を被るような運命に当面させるにいたる危険性を多分に伏蔵《ふくぞう》している途である。他の一つの途は、日本をして一歩一歩と外国に対する倚存的または従属的状態から遠ざからせるとともに、敗戦後にはじまった日本の民主化の過程を、よしいろいろの曲折はまぬがれないにもせよ、全体として順調に進行し得させるものであり、一般国民が切実に念願するところの戦争とそのおそるべき災禍からの解放へとみちびく途である。

遺憾ながら、日本をめぐる国際的諸事情と、日本そのものの内部における諸事情とにもとづいて、日本の国のあゆみは第一の途にそうて進められた。いいかえると、政府および国会は、日本民族をふたたび底の知れない暗黒の泥沼の方向へとひきずりこんで行く途をえらんだ。全面講和の方式に反する対日平和条約とともに、日米安全保障条約を締結し、ついで日米行政協定を締結することにより、瞭然と第一の途の選択が行われた後、すでに日本は暗い運命にみちびく路程《ろてい》をどれだけかあゆんできたのであるが、去る（一九五三年）七月十五日から日米双方の代表のあいだに開始され、つぎつぎに回をかさねているＭＳＡ〔Mutual Security Act（相互安全保障法）〕援助に関する交渉がまとまり、やがて日米両国間の合意が成立するならば、この方向への日本の大幅の前進が必然的とならざるを得ないであろう。

ある民族の各時期におけるありかた、またながい期間にわたる生いたちのしかたが、きわめて多様な自然的諸条件および歴史的・社会的諸条件によって制約されるものであることは、わかりきっているけれど、若《も》しもそれが全く客体的諸条件によってのみ制約されるものであって、主体的意思およびそれにもとづく努力が民族のありかたおよび生いたちのしかたを左右する余地がないとしたら、「政治」というものの存在理由は到底見出され得ず、宿命的にあらかじめ決定されている事態のなり行きに一切を任せるほかはないであろう。われわれがそのような宿命説の立場をとらず、政治の存在意義を肯定する限りは、政治の動向如何によって民族のありかたおよび生いたちのしかたが何らかの程度に制約され、左右される可能性の存することをみとめざるを得ない。いいかえると、民族の運命は、一面において、さまざまの数多くの客体的事情によって深く制約されることをまぬがれないけれど、それにもかかわらず、他面では、民族の運命を制約する要因の一つとして政治が発揮する存在意義を肯定するのでなければ、われわれは政治に対していかなる関心をもいだき得ないはずである。

終戦の翌年の六月二十日から開会した第九十帝国議会に憲法改正案が付議され、その結果、連合国に対する降伏文書の締結から一年二ヵ月後に公布された新しい日本国憲法は、その前文によって明らかにされているところから見ても、その全内容をつらぬく根本精神から見ても、「日本民族のあゆんで行く前方にあたえられた二つの可能な途の中で、第二の途、すなわち日本の民主化の堅実な促進と戦争及びそのわざわいからの解放への方向にみちびく途が、政府および国会の慎重な考慮と誠実な決意によって選択されるべきこと」を要請するものである。日本の将来の運命に対して至大《しだい》のかかわりをもつところのかような憲法の要請と、憲法にもとづいて存立し、活動する政府および国会が第一の途をえらんだこととのあいだには、明白に大いなる矛盾が見いだされる。この矛盾は、第一の途にそうて動き出している日本を、方向転換によって第二の途に移らせるか、または憲法の平和条項を修正するか、いずれか一つの方法によってのみ解決され得るわけであるが、そのいずれの方法を採用するかということは、結局は日本国民の総意によって決定されるほかはない。

旧憲法の下においては、日本の運命に至大《しだい》の影響をおよぼすような政治的決定が、天皇をとりまく権力者により、天皇の名において行われたのと違って、新憲法はそのような政治的決定の終極的権能を一般国民にあたえている。

二

旧憲法とくらべて、新憲法が全面的にずっとすぐれた内容をもつものであることは、おそらくうたがいのないところである。かように優秀な日本国憲法が、もしも日本人自身の発意と考案によって制定されたのであったならば、それは一段と輝かしい光彩を放ちつつ生まれ出たに相違ないであろう。惜しいことには、憲法改正が現実の問題となった時期において、はじめ直接に改正案の作成に着手した当局の人々は、真に平和的かつ民主的な日本をあたらしく建設するためには到底役立ち得べくもないような、はなはだ微温的な、姑息的な改正を企てるにすぎなかったので、連合国総司令部の側から高圧的に提示された案にしたがって、憲法の改正、いいかえると、新憲法の制定が行われるほかはなかった。日本人自身の発意と考案とによって新憲法ができあがったのでないことは、なんといっても遺憾のきわみであったけれど、旧憲法とくらべてどれほども変りばえのしない不満足な新憲法が日本人自身の発意と考案にもとづいてできあがった場合を想像すると、よし連合国総司令部の側からおしつけられた案にしたがってできあがったものであるにもせよ、あたらしい日本の平和的・民主的成長のために役だち得るような優秀な憲法が制定され、実施されるにいたったことは、われわれ国民にとって、大いなる幸運であった、といわざるを得ない。だが、何故に新憲法は、旧憲法にくらべて、より優秀なものであると考えられるのであるか。多くの人々にとっては周知のところであるこのことがらについて、念のために要約をこころみたい。

日本国憲法は、人間社会の進展の正しい方向にそうて、日本の国家体制ならびにその運営のしかたをさだめている。神格化された天皇の絶大の権能を中心とし、いくらか立憲主義の成分を加味して、日本の政治体制とその運用のしかたを定めた旧憲法が、人間社会の発達の現代的基準から見て、はなはだしく時代おくれのものであったことは、いたって明白である。そして、満洲事変のころから日華事変のころを経て太平洋戦争の終結にいたるまでの時期においてつみかさねられた、数多くの不幸な、陰惨な経験と、それにもとづく反省に照して見て、日本民族が再生の意気ごみをもってたちあがり、正しい健全な発展の途をたどって行くために役だち得るような政治体制とその運用のしかたとが、新憲法によってさだめられている。天皇をして全く政治上の実権をもたない存在たらしめたこと、かつわが国における立憲政治の成長にとって癌《がん》のような存在であった軍部を、国家体制のなかから完全に除きさったことは、旧憲法とくらべて新憲法のいちじるしい長所である。あらゆる戦争を放棄し、全く軍備を内含しない国家体制を定めたことは、従来のいずれの国の憲法にもほとんど類例を見ないところであり、新憲法の最も顕著な特色をなしているが、新憲法は日本の民主化のために役だつべき諸制度と、徹底的な平和国家としての日本のありかたを、相互に不可分の連関においてさだめているものであることを、とくに力説しなければならぬ。

外国の側からの圧力の下に日本国憲法ができあがったものであることに対して、日本人の側において不満や反感がおこるであろうことについては、連合諸国の側においても早くから懸念していたらしく思われる。それで、一九四七年三月二十七日付で極東委員会は、「日本国憲法が効力を発生する五月三日から数えて一年あるいは二年のうちに、憲法に関する日本の国民投票を命令することがあり得る」ということを決定し、「今回の決定によって、日本国民は憲法実施後さらに憲法についての意志を求められるわけである。極東委員会は、日本国憲法が日本国民の自由な意志を反映したものであるかどうかを決定するために、国民投票その他国民の意志を問う適当な方法を要求することになるかも知れない」という説明を発表した。かような極東委員会の指令はいくらか日本人の側において反応をよびおこさなかったわけではない。すなわち一九四七年五月三日に新憲法が実施されてから一年を経過した翌年の五月ごろから、しばらくのあいだ種々の方面で憲法改正の問題が論ぜられた。ことに日本政府は若干の条規についての改正案を考え、また衆議院議長は憲法改正委員会を組織することを考えたと報道されたが、一般的に見て憲法改正の問題に対する関心は稀薄であり、活潑な論議はあらわれなかった。しかるに、一九四九年の後半にいたって日本と連合諸国との講和条約の問題がしきりに論ぜられるようになったころから、この問題との連関において憲法第九条に即して再軍備の問題が活潑に論ぜられる機運が頭をもたげ、それとともに新憲法は外国の側からおしつけられた憲法であるという点を力説し、第九条の改正を主張する人々がぞくぞくあらわれた。一九四九年の後半は、中華人民共和国が発足し、アメリカの反ソ的世界政策が一段と露骨になった時期である。憲法改正に関する極東委員会の指令が日本人の側でどれほども反応をよびおこさなかった後に、一九四九年の後半のころからとくに憲法の平和条項についての改正意見がさかんにあらわれはじめた事実をかえりみると、「外国の側からおしつけられた憲法である」ということが、平和条項改正の主張において主要理由の一つとされているにもかかわらず、そのような改正論議そのものは、どうも外国の側からの影響や間接的圧迫にもとづいて簇出《そうしゅつ》したらしい形跡が見いだされるのである。

あらたしい憲法が日本人自身の発意と考案によらないでできあがったことははなはだ遺憾な事実であるといわざるを得ないけれど、すでにそれにもとづいて国会や内閣や最高裁判所などを中心とする全国家機構が成立し、活動を続けてきている現在において、憲法改正についての一切の論議は、あくまでもわれわれ日本国民自身の立場から自主的に行われることがのぞましい。

三

一九五〇年六月二十五日に朝鮮動乱がおこってからまもなく、マ〔マッカーサー〕元帥は七月八日に内閣直属の警察予備隊七万五千名の創設および海上保安庁員八千名の増員に関する指令を日本政府にあたえた。一ヵ月後の八月十日には早くも警察予備隊令（政令二六〇号）が公布され、これにもとづいて警察予備隊の新設が迅速におこなわれた。この警察予備隊令は「わが国の平和と秩序を維持し、公共の福祉を保障するのに必要な限度内で、国家地方警察及び自治体警察の警察力を補うため警察予備隊を設け、その組織等に関し規定することを目的とする」（第一条）とさだめていたけれど、現実に姿をあらわした警察予備隊そのものは、やがて小銃、機関銃、バズーカ砲、等々の装備をもつにいたり、まぎれもなく軍隊らしい性格をそなえるものであることが明らかとなった。さらに、対日平和条約が発効し、日本の主権が回復してから約三ヵ月を経過した一九五二年八月一日には、第十三回国会で可決された保安庁法が施行され、保安隊（十一万人）ならびに警備隊（七千六百人）を包容すべき保安庁が創設された。初代保安庁長官を兼任することとなった吉田〔茂〕首相は、八月四日に初登庁をした際に訓示をおこない、「政府としては再軍備をしない方針である。これは国力がゆるさないからである。軍艦一隻も造れぬ薄弱な国力で軍隊が創れるわけがない。

だが、独立国として国を守ることは当然である。このために日米安全保障条約を結び、自衛についての方途を講じたのであるが、しかし独立国として国を守る抱負を持つことは当然であり、もし国力が許すならば直ちにでも軍隊を持ちたいとおもう」と述べた後、「この保安庁こそ新軍備の基礎である。米国をはじめ世界各国は極東の平和、世界の平和のために日本を信頼している。この尊敬と信頼を裏切らぬよう努力してもらいたい」と激励のことばを述べた。「もし国力が許すならば直ちにでも軍隊を持ちたいとおもう」というような発言は、平和憲法の存在を忘れたか、または無視したかのいずれかでなければ為し得ないものであるが、とにかくときのはずみで本音を吐いた次第であろう。ついで、十月十五日夜をもって、警察予備隊に代って、保安隊があらたに発足したが、最近では米国から借りうけた騎銃、小銃、自動小銃、短機関銃、軽機関銃、重機関銃、四十ミリ高射砲、バズーカ砲、ロケット発射筒、無反動砲、迫撃砲、榴弾砲、戦車、軽飛行機、等々の装備をもっており、今後さらに強化される予定となっている。

ところで、周知のごとく、実質的に再軍備を肯定する点においては、吉田内閣および自由党と改進党とは一致しているけれど、憲法第九条の解釈については、これまで両者は異なる意見を主張してきた。すなわち後者の側では、憲法第九条は、自衛のためでない戦争の放棄を規定し、自衛の目的以外の目的に役立つものとしての軍備を禁止するものである、と主張するに反し、前者の側では、同条は目的如何を問わず、一般的に軍備を禁止するものであるとの主張を続けてきた。そして、かような主張との矛盾を避けるために政府当局者は、保安隊や警備隊は非常事態に際して治安の維持のために出動することを主たるはたらきとするものであるから、軍隊としての性格をもつものではないという説明を続けていた。

昨年（一九五二年）十月一日の衆議院議員総選挙に臨むに当って、自由党の側では、「将来日本の国力が充実し、国民の経済力も或程度の負担に堪え得るようになり、一方、国民の間に祖国の防衛は自らの手で、自らの犠牲においてやるべきだという声が、ほうはいとして必ずや近い将来に起ると信ずるが、その時に再軍備しても決しておそくはないのである。それまでは、自立経済の達成、国民生活の向上に全力をあげて行くべきである」というように主張し（「世界」一九五二年十月号「選挙に臨む政党の主張」）、依然としてそれまでの控えめな主張の基調をたもっていた。総選挙の結果、十月末には第四次吉田内閣が成立したが、十一月五日のアメリカ大統領選挙で共和党候補の〔ドワイト・D・〕アイゼンハワー〔一八九〇―一九六九年〕が当選したことは、吉田内閣の動向に対して微妙な影響を及ぼしはじめ、十一月八日から開かれた第十五特別国会において、防衛問題に関する政府の従来の方針は決して変更しないことを声明しながらも、国力の回復にしたがって防備を漸次に増強して行きたいという意向を積極的にあらわしはじめた。

今年（一九五三年）五月のはじめに〔ジョン・フォスター・〕ダレス国務長官〔一八八八―一九五九年〕から米国上院に提出された一九五三年度相互安全保障法〔MSA〕改正案の

付属解説書の中には、アジアならびに太平洋地域において、七月以後の新会計年度にMSA援助のうちの軍事援助をうける諸国として、インド、パキスタン、アフガニスタン、ネパール、フィリッピン、タイ、インドシナ、台湾についで日本が明記されていることが報道され、六月なかばに再開されようとする第十六特別国会でのMSA援助に関する論議の沸騰を予想せしめた。この国会における施政演説のなかで、吉田首相は、防衛問題についての政府の態度は一貫して従来の方針を変更するものではないことをまたもや強調したけれど、MSA援助の問題が両院でさかんに論議されるにいたって、政府の態度は動揺を示し、政府の人々の発言を通じて従来とはかなり違った論調が観取されるようになった。たとえば七月二十三日午後の参議院内閣委員会において、木村〔篤太郎《とくたろう》〕保安庁長官〔一八八六―一九八二年〕は、「憲法第九条の規定は自衛権までも放棄したものではなく、国際戦争とか外国侵略をひきおこすような大きな組織力、すなわち戦力を持ってはならぬということである。従ってそれに至らざるものは自衛力であり、戦力とはならず、当然持ってよいと考える」と述べて、自衛のために保持される一切の装備は戦力でないという見解を表明し、同日夜の記者会見において、緒方〔竹虎《たけとら》〕副総理〔一八八八―一九五六年〕は、「いかなる理由でも戦力をもち得ないという政府の方針には変りはない。しかし戦力の解釈は昨年〔一九五二年〕十一月の閣議決定による『近代戦を遂行し得る能力』というだけではきわめて限界があいまいなので、もっとわかり易く表現を改める必要がある。すなわち戦力とはむしろ侵略戦争を目的とする武力といった方が適切である。戦争を目的としないならば、たとえジェット機や原子爆弾を所持しても、なんら戦力とはならない」というようなことを語った。また七月二十一日の衆議院外務委員会において、改進党の須磨弥吉郎《すまやきちろう》氏〔一八九二—一九七〇年〕の質問にこたえて岡崎〔勝男《かつお》〕外相〔一八九七—一九六五年〕は、「われわれは憲法改正はしないという方針であり、また差支えない限りMSA援助を受けたいという気持をもっている。このように二つのわくは決っている。従ってその中で自衛軍というか保安隊というか、名前はいろいろあろうが、二つが実質上同じようなものになると考えられても、やむを得ない」と述べ、さらに二十四日の自由党代議士会では、「憲法第九条第一項は侵略戦争を放棄しているが、自衛権は否定していない。第九条第二項は戦力を禁止している。従って軍をもつことはさしつかえないが、戦力は持てないものと思う。陸、海、空その他の戦力とは、要するに今日わが国の環境のもとで近代戦を有効にやる綜合的国力をいうのである」と説明した。

「かんじんの軍隊精神が欠けて居り、筋金が入っていない」というような批判をする人たちがあるけれど、弱小諸国の軍隊にくらべて、保安隊はすでにまさるとも劣らぬ戦力を構成しているにもかかわらず、政府は白を黒と言いくるめる詭弁によって、それは戦力でなく、保安隊の存在は憲法に違反するものではないことを主張し続けつつ、憲法無視の度を層一層《そういっそう》高めることに努力しているわけである。

四

一九四一年一月に〔フランクリン・〕ルーズベルト大統領〔一八八二―一九四五年〕は議会にあたえた教書の中で、いわゆる四つの自由――言論および表現の自由、宗教の自由、欠乏からの自由、恐怖からの自由について述べたが、現在の米国においては、これらのなかで宗教の自由および欠乏からの自由は保障されているに反し、残りの二つの自由は失われているようにおもわれる。とりわけ恐怖からの自由は現在の米国から消えうせているのではあるまいか。

第二次世界戦争が終ってからいくばくもなく、いわゆる二つの世界の分裂・対立があらわれ、年一年と険悪化して行くにつれて、米国の政治家たちや政治学者たちは、「安全保障」(Security)ということをお題目のようにとなえ、「安全保障」、ことに米国自身の安全保障こそは一切の政治的努力にとって至高かつ最も緊要の課題であるかのように考え、論議する傾向を示すようになった。マーシャル・プラン――西欧経済復興計画の実施、北大西洋防衛同盟の結成、ヨーロッパ共同体およびヨーロッパ軍の助成のための努力、朝鮮戦乱への介入、等々をはじめ、幾多の課題をふくむ米国の世界政策は、ソヴェトの直接的または間接的侵略に対する恐怖と、世界市場における米国の優越性の喪失に対する恐怖とによって根本的に制約されている。そして、そのような世界政策を実行するために必要な国家予算等を獲得する目的のためには、巨大なマス・コミュニケーションの威力を利用して国民の恐怖を刺激し強化する努力が絶えず行われ、またマッカーシー旋風のようなものが暴威をふるって、それ自身恐怖の種子をまき散らし、言論および表現の自由を否定しようとしている。

朝鮮戦乱の影響の下に初め一九五一年十月に制定された「相互安全保障法」は、それまで行われてきた西ヨーロッパ経済復興援助、北大西洋条約にもとづく相互防衛援助、後進地域の開発援助を一元化することを目的とするものであるが、それによるMSA援助は軍事援助を中核とするものであり、ひっきょう「恐怖からの自由」を求める偏執的政治意識に深く根ざすものといい得るであろう。いわゆる「巻き返し政策」をかかげて登場したアイゼンハワー政権は、ソヴェト新政権の平和攻勢に対してもいよいよ警戒的態度を強化することに熱中し、今年〔一九五三年〕あらたに改正を加えられた相互安全保障法にもとづいて、わが国に対してもMSA援助の手をさしのべるにいたったわけである。日米代表のあいだにこれに関する交渉が開始された翌日――七月十六日の参議院外務委員会において、左派社会党の佐多《さた》忠隆《ただたか》氏〔一九〇四―八〇年〕が、「〔ジョン・ムーア・〕アリソン駐日米国大使〔一九〇五―七八年〕は、日本がMSA援助をうける場合、引受ける義務として『自国の防衛力および自由世界の防衛力の発展、維持のために……全面的寄与を行うこと』を挙げているが、これは日本が安全保障条約ですでに引受けている義務なのかどうか」と質問したのに対して、岡崎外相は「安全保障条約で負っている義務とは別の義務である」とこたえ、かつその義務について、「国連の目的に反する攻撃的な軍備になることを避けながら、直接および間接侵略に対抗する自衛力を強化することである。しかし、MSA法第五百十一条には『自国の政治的・経済的安定と矛盾しないこと、また自国の人力、資源、施設および一般的経済状態が許すこと』という制約がついている。従って日本としては漸次に自衛力の強化をおこなって行くということになるわけである」と述べた。さらに、「時間的な点はそうであるとしても、義務の性質という点からいえば、『直接侵略に対抗する防衛力を強化する』という義務なのだろう」という佐多氏の質問にこたえて、外相は「将来はそうなるように努力する義務である」と述べた。ついで、佐多氏が「直接侵略に対抗する防衛力をもつことをMSA協定で義務づけられることになれば、憲法第九条の違反ではないか」とたずねると、外相は「そうは思わぬ。いまの保安隊は直接侵略に対する防衛をその任務としていないが、仮りに保安庁法を改正して直接侵略にも対抗するという任務を果たすこととしても、それが憲法違反になるとは私は考えない」とこたえておきながら、「直接侵略に対抗する力は戦力である」という意見を佐多氏が述べたのに対して、外相は「将来、究極的にはそうなるかも知れない」と述べた。

かような国会における質問と応答から考えてもわかるように、MSA援助の受諾はやがて憲法第九条改正の問題の現実化にみちびかざるを得ないであろう。朝鮮からの帰りみちに八月八日東京にたちよったダレス国務長官は、その夜吉田首相と会見したが、十日ワシントンに帰ったうえ、記者会見において、「日本は日本本土の防衛について、私が望んでいるほどの努力をしていないように感じた」と語った。またニューヨーク・タイムスの〔ジェームズ・〕レストン記者〔一九〇九―九五年〕は、ダレス・吉田会見について、「吉田首相は、ここ数ヵ月中に保安隊を増強する可能性を否定しなかったが、大きな再軍備をするには、憲法を改正するほかはない、といっている」という報道を本国に送ったとのことである。その都度外交とともに、その場しのぎの財政・経済政策を続けてきた政府は、朝鮮戦乱の勃発以来、日本の弱体経済に対し寄与するところが多大であった特需が、朝鮮の休戦とともに終止するのにそなえて、MSA援助の一部としての経済援助をうけることを熱望しているけれど、米国側はかような要請を拒否し、日本に対する今回のMSA援助の目的はあくまでも軍事的性格のものであるという最初からの主張を強調し、「経済的援助」の性格をできるだけ加味させたいという日本政府側の希望の実現ははなはだ見こみがうすらいだと伝えられている。

対日平和条約の発効によって、国際法の上から見た形式上の独立を回復したとはいうものの、七百あまりの地点をつらねる軍事基地の網が全国にわたって敷かれ、実質上、政治上の独立からはるかに遠い位置に日本が立っていることは、明瞭に国民の眼に映じている。保安庁費をはじめ、防衛関係の諸経費が、国家予算においてどのように大きいパーセンテージを占め、大部分の国民生活にどのように重圧を加えているかということを知るときには、米国の側からの強硬な要求に屈して、いわゆる自衛力を大幅に増大することが、どのようにわれわれ国民の窮迫を深刻化する結果にみちびくかは、ただちに了解されるであろう。米国政府が自国の安全保障のために、また自国の経済的利益の保持のために、あらゆる外交手段を講じて努力することは、当然であるかも知れないけれど、日本の政治はどこまでも日本民族の正しい健全な発展を眼目として、真に自主的な立場から推進されなければならぬはずである。そのためには憲法の精神にかなったしかたで政治体制の運営が行われることが不可欠の前提条件であり、とりわけその平和条項が十分に尊重されなければならぬ。憲法によって主権の持ち主たる地位にたつこととなった日本国民の総意は、国会議員の選挙の機会毎に表明されるのであるから、国会と政府によっておこなわれる政治は、形式的には国民の意志を反映するものとみなされるわけであるが、多数の国民の政治的意識の未熟のために、国民の真実の意志、真実の要求が、政治の上に反映されていない。しかしながら、国民の政治的意識は緩慢ながら確実に成熟しつつある。とりわけ憲法第九条の改正というような、国民全体の運命に至大《しだい》のかかわりがあり、かつ直接に可否の投票を有権者各自がなすべきことがらに関しては、おそらく大多数の国民が正しい判断を下すことをあやまたないであろう。

――「世界」昭和二十八〔一九五三〕年十月号――

五　平和憲法と国民の真情——憲法施行十周年におもう

一

日本国憲法の効力が発生してからあたかも十年の歳月がすぎさった。万事がいたって悠長で、社会のうつり行きのテンポがきわめてのろかった以前の時代においてさえも、「十年一《ひ》と昔」といったものである。現代における十年の期間は、おそらく以前の時代の半世紀にも、いや一世紀にも匹敵する歴史的意義をもっている、と考えられるであろう。最近の十年のあいだには、世界の全範囲を見わたしても、視野を日本の国内にかぎって見ても、あまりにも数多くの重大な変動がつぎつぎにあらわれた。そのために、新憲法の発効ということは、ずいぶん遠い過去のできごとであったようにも感ぜられるのである。

内容の上から見て、旧憲法と新憲法とがいちじるしい対照をかたちづくるものであることは、あらためていうまでもないが、実施されてから以後の経過のうえから見ても、両者はいちじるしい対照をかたちづくっている。大日本帝国憲法は、第一回帝国議会の開会の日、すなわち一八九〇年（明治二十三年）十一月二十九日に発効し、一九四七年（昭和二十二年）五月二日まで存立をたもったのであるが、六十年に近い存続の期間中に、その改正が問題とされたことは一度もなかった。憲法発布勅語のなかには、「朕《ちん》カ祖宗《そそう》ニ承《う》クルノ大権ニ依《よ》リ現在及将来ノ臣民ニ対シ此ノ不磨ノ大典ヲ宣布ス」と述べてあったけれど、改正の可能性をみとめていなかったわけではなく、第七十三条には改正の手続が規定されていた。だが、なにしろ「不磨《ふま》の大典《たいてん》」というので、その改正を問題とするようなことは、実際にはタブーとされ、公布当時の全条規が一字一句といえども不動のままにたもたれた後、敗戦後の変革期に会して存立をうしなうこととなった。

それに比べると、日本国憲法の実施以来の事情はたいへん違っている。その発効から六年を経過した一九五三年には、すでに自由党や改進党が公然と憲法改正問題を取り上げはじめるにいたり、こえて昨年（一九五六年）五月十六日には憲法調査会法案が国会を通過した。ただし、七月八日におこなわれた参議院議員選挙の結果、革新系の議員が全議席数の三分の一を確保したので、国会による憲法改正の発議がさしあたり阻止されることとなった。また、国会の外では、一九五四年一月に憲法擁護国民連合が結成されて、数多くのさまざまの団体がこれに参加し、それ以来たえず憲法をまもるための力強い運動を続けている。

二

神格化され、絶対的権威をそなえているものとみとめられた天皇を主権者とし、すべての国民は忠誠をつくしてこれに臣従すべき地位にたつものである、ということを、根本の建て前として、旧憲法は制定された。また、憲法発布勅語のなかに、「惟《おも》フニ我カ祖《そ》我カ宗《そう》ハ我カ臣民祖先ノ協力輔翼《ほよく》ニ倚《よ》リ我カ帝国ヲ肇造《ちようぞう》シ以テ無窮《むきゆう》ニ垂レタリ」とか、「我カ帝国ノ光栄ヲ中外《ちゆうがい》ニ宣揚シ」とか、と述べてあるように、大日本帝国は世界無比のすぐれた国家であるとのたかぶった自負心と、武力に訴えても国威を宣揚しようとする心構えとにもとづいて、旧憲法は制定されたものであった。

かような根本の考えかたにもとづいてつくられた旧憲法と比較して、現行憲法の根本の建て前がはるかにより高い思想的・倫理的水準にたつものであることは、「そもそも国政は、国民の厳粛な信託によるものであつて、その権威は国民に由来し、その権力は国民の代表者がこれを行使し、その福利は国民がこれを享受する。……われらは、平和を維持し、専制と隷従、圧迫と偏狭を地上から永遠に除去しようと努めてゐる国際社会において、名誉ある地位を占めたいと思ふ」というように前文が述べているところを、その含蓄するところとあわせて味解《みかい》すれば、十分に明白に透察しえられるのである。

かように、内容の上から見て、現行憲法は旧憲法よりもはるかにすぐれており、その全内容をつらぬく根本精神は、事理《じり》をわきまえる国民のすべてが共鳴するはずのものであることは確かであるけれど、現行憲法が日本国民の十分に自主的・自発的な立場において制定されたものでないことは、なんといっても遺憾に堪えない事実である。西洋の先進民主主義諸国の憲法が成立したプロセスをかえりみると、その国の社会の内面において民主的憲法の成立にみちびく諸要因が十分に成熟した結果としてその制定を見るにいたったというのが、通常の事態であった。しかるに、わが国における新しい憲法の成立のしかたは全く趣を異にするものである。すなわち、わが国の社会および政治の歴史的発展の経過において、古い憲法の廃棄、新しい憲法の定立を必然的たらしめる諸要因が成熟したうえで、変革がおこなわれたわけではなく、旧憲法の下に出現した軍国的独裁政権によって計画され、遂行された不法無謀の戦争が、ポツダム宣言の受諾による無条件降伏をもって終結したことからして、民主的平和憲法の成立の必然性が発生したものにほかならない。

問題は、かような既成の儼然《げんぜん》たる歴史的事実がもっている歴史的意義をどのように理解し、かつどのようなしかたでこれに対処すべきであるかという点にかかっているのであるが、これについては、その理解と対処のしかたとのあいだに矛盾があってはならぬことが要請されるはずである。

三

大日本帝国憲法は、天皇が「祖宗ニ承クルノ大権ニ依リ」宣布したところの、いわゆる欽《きん》定《てい》憲法であって、その制定に対し一般の国民は全く関与しなかったのであるが、日本国憲法の制定に当っては、国民の総意が重要な役割を果たした。すなわち、終戦の年の十二月に、婦人の参政権をみとめる改正選挙法が成立し、これにもとづいて翌年四月におこなわれた総選挙により新しく構成された衆議院をふくむところの第九十議会において、旧憲法所定の手続をふんで、憲法の改正、いいかえると、日本国憲法の制定がおこなわれた。それは連合国軍による国土の保障占領の期間中に、連合国最高司令部の側からの指導と威圧のもとにおこなわれた憲法の改正であるから、もちろん、日本人が真に自主的・自発的立場において新憲法を制定した、といい得ないことは確かである。だが、それだからといって、全く外国の側からおしつけられた憲法である、といい得ないことも明らかである。一九四七年五月三日に日本国憲法が発効してからこのかた、十年の歳月にわたって、日本のあらゆる国家機関はこの憲法の規律のもとに活動し、われわれ日本国民はこの憲法のみとめる基本的人権の主体として生活してきたのである。われわれ国民は、マッカーサーのつくった憲法の規律をうけつつ最近十年のあいだの国民生活をいとなんできた、というようには決して考えないし、そのように考えることは、われわれ国民がわれわれ自身を侮蔑することにほかならないと考えるものである。

現行憲法が連合国最高司令部の側からの指示と圧力とを被りつつ制定された一面だけを強調し、「マッカーサー憲法」であるとか、「占領憲法」であるとか、というようなことを主たる理由として、憲法改正の必要を主張する人々の立場からすれば、現行憲法の全面的廃棄と、旧憲法そのものの復活をこそ提唱すべきはずである。一方では、現行憲法は「マッカーサー憲法」であるとして罵倒しながら、天皇の主権者としての地位を否定し、主権在民をみとめる現行憲法の建て前をそのまま保ち、そのような前提のもとにいろいろの改革をほどこそうと主張するのは、はなはだしい矛盾ではなかろうか。

一九四一年十二月八日の真珠湾に対する無警告爆撃にはじまる太平洋戦争の帰結としての、ポツダム宣言受諾による一九四五年九月二日の降伏文書調印、これにもとづいて開始された連合国軍による日本国土の保障占領、同年十二月の衆議院議員選挙法の改正、翌一九四六年四月十日におこなわれた総選挙、同年六月二十日からひらかれた帝国議会における憲法改正草案の審議と可決、一九四七年五月三日の日本国憲法発効——これらの一連の歴史的事実をば、新しい平和的・民主的政治体制のもとにおける祖国の再建のための、いいかえると、新しい民族的理想にもとづく新しい日本の建設のための絶好の機会を提供したものとして考え、すぐる十年のあいだ、われわれ日本人は、平和的民主国家の国民としての信念をいだきつつ、いばらにみちた道程を進んできた、というように考えるか、このような考えかたを拒否するかによって、現行憲法に対する一人一人の国民の態度は根本的に定まるほかはないわけである。

四

憲法改正の必要をとなえる人たちが、その理由として、いちばん好んで挙示するのは、右に批判を加えたところの現行憲法は占領下につくられた憲法であるという点であるが、それに次いで彼らが現行憲法を非難するために力説するのは、それが日本の伝統に反するとか、日本の国情にそぐわないとか、という点である。

これに関して、緑風会の広瀬久忠《ひさただ》氏〔一八八九―一九七四年〕がこのほど発表した憲法改正試案をひきあいに出すこととしたい。この試案は緑風会の代表的意見というわけではなく、広瀬氏個人の意見をあらわしたものだとのことであるが、部分部分についてはともかく、根本の見地においては、多くの改正論者の考えかたを反映するものとおもわれるからである。広瀬試案は、憲法にならって前文をかかげているが、その第一段落のなかに、「われらは、わが国の歴史と伝統に対する正しい認識を堅持し、日本国の固有の生命の持続発展を全うすることを希求して、ここに、外国軍隊の占領下に制定された日本国憲法を全面的に改正し、国家生活に関する規範を決定する」という文章がある。とくに、「われらは、わが国の歴史と伝統に対する正しい認識を堅持し」といっているのは、どうも現行憲法はそのような認識に立脚しないで制定されたものであるとの見解を反映しているようにおもわれるが、すぐつぎの段落は、「そもそも国政は、その権威の源を国民に発し、その権力を国民の信託に基いてその代表者が行使し、国民の福祉を確保し、伸張することをもつてその窮極の目標とする。これは民主主義政治の基本原理であつて、この憲法は、この原理を確守するものである」という文章ではじまっている。そして、この文章の内容に呼応して、第一章、総則の第二条には、「日本国の主権は国民に存し、国権はすべて国民から発する」と規定してある。

民主主義の原理は日本古来の伝統的思想とは、きわめて縁のうすいものであるし、主権が国民に存し、国権は国民から発するという根本の政治信念にもとづいて、政治がおこなわれた事実を、一九四七年五月よりも以前のわが国の歴史のなかに見いだすことは不可能である。「国家生活」の中軸をかたちづくるべきことがらに関して、かように、わが国の歴史と伝統を全く無視した条規をかかげながら、「わが国の歴史と伝統に対する正しい認識を堅持し、……国家生活に関する規範を決定する」と述べるのは、なんとも了解に苦しむことだ、といわざるをえない。また、たとえば、試案の第五条は、「すべて国民は、法のもとに平等である。人種、信条、性別、社会的身分等を理由として、人の政治上、経済上又は社会上の立場に差別をつけることは、許されない」ということになっているが、「国民はすべて法のもとに平等であるべきだ」という思想や、これにもとづいて国民の法的平等がみとめられた状態が、わが国の古来の伝統的思想や、わが国の以前の歴史のなかに見いだされるというのであろうか。

五

日本国憲法発効のころにはすでに明瞭にすがたをあらわした二つの世界のあいだの冷たい戦争が、一九五〇年における朝鮮戦乱の勃発により、極東方面において、局地的ながらも文字通りの戦争に化したことは、平和憲法に大いなるさけめを生ぜしめた。すなわち、マッカーサー元帥書簡に応じて発せられたポツダム政令により警察予備隊が出現し、さらに、MSA〔Mutual Security Act（相互安全保障法）〕協定の締結を背景として、一九五四年に発足した自衛隊がぐんぐん成長するというように、憲法第九条の規定に違反する既成事実がそれからそれへとつみかさねられた。このようにして、憲法第九条はいわば満身のいたでを被ったわけであるが、しかも、依然として生命をたもっており、自衛隊が正式の軍隊に化することを阻止する法的防壁として役だっている。そこで、米国政府はしつこく日本の武力の増強を申し入れるとともに、改憲による本格的再軍備を力強く要望し続けている。いろいろの理由からそのような米国側の意向に応じようとするわが国の保守系政治家たちが、改憲により自衛隊の存在を合法化しようと焦慮《しょうりょ》していることは、よく知れわたったことがらであり、改憲論の主たる狙いが憲法第九条にあることはいうまでもないが、そのような中心的目標に附随させて、そのほかのさまざまの逆行的改正が最近ではしきりに論ぜられるようになった。

憲法第九条第二項の規定を削除し、これに代えて、軍備の復活をみとめる規定を入れ、さらに、第三章の中に、兵役の義務を規定する条規を加えて、徴兵制度を復活させることを要求する点は、改憲論者たちに共通の態度であるが、進んで、天皇を元首の地位に復帰させ、軍の統帥権をこれに帰属せしめて、軍国的体制を再現するとともに、以前のような家の制度を復活させて、軍国主義の社会的地盤をいま一度造りだそうと企てる、等々というような、さまざまの逆行的改憲論があらわれているようである。

おもうに、この種の改憲論を主張する人々は、敗戦以前の日本国のありかたに対して、おさえることのできない郷愁をいだきながら、いつまでも生き続けて行く人々であり、自分の気に入らない議論は、どのような内容であるにもせよ、まるきり傾聴しようとしない人々であるに相違ない。したがって、太平洋戦争の帰結としてのポツダム宣言受諾による無条件降伏から、日本国憲法の発効にいたるまでの一連の歴史的事実によって、正しい民族的理想にもとづく新しい日本の建設のための絶好の機会が、われわれ国民にあたえられたのだという信念は、その人々にとっては全く没交渉のものでしかありえない。もちろん、現在にくらべて、以前のころにはより良い境遇に生きていたというような事情のために、以前のころの日本の国のありかたに対して漠然たる郷愁を感ずる人々は、かなり広い範囲にわたってずいぶん数多く存在していることとおもわれるけれど、しかも、これらの人々の大部分は、概して時勢の移り変りに黙々と適従《てきじゅう》して行く人々であって、頑固な逆行的改憲論を積極的に肯定しようとするものではない。

六

旧憲法にくらべて、日本国憲法がはるかにより高い思想的・倫理的水準において制定されたものでありこれからさき私たちの国民生活を層一層《そういっそう》向上させ、進歩させて行くために役だつところの、すぐれた根本法であることは、うたがいをいれない、とおもうけれど、無論、それは完全無欠なものではなく、部分的にはいろいろ修正を要する点をもっていることは、実施後十年のあいだの経験に照らしても明らかである。しかしながら、現在では未だ憲法改正を実践的に問題とすべき時期に到達していない、と私は信ずる。いいかえると、日本の政治的独立が達成され、日本国民が真に自主・自律の立場において憲法改正をおこない得るようになってから、はじめて憲法改正を実践的に問題とすべきであり、そのような時期に到達するまでは、現行憲法をそのまま保持せねばならぬと、私は考える。

くり返していうのであるが――現行憲法が日本国民の十分に自主的・自発的な立場においい

て制定されたものでないことは、なんといっても遺憾に堪えない事実である。まさにその故に、それに類似した事態をふたたび実現せしめるようなことを、私たち国民はきびしく戒《いまし》めて避けなければならない。一九五二年四月二十八日の対日平和条約発効によって、わが国の主権は回復され、独立国としての地位に復帰したといっても、それは法的・形式的意義における独立にすぎない。日米安全保障条約や、日米行政協定などにもとづいて、日本は依然として米国に対し高度の政治的従属の地位にたっており、そのために憲法に違反する事実上の再軍備を持続するだけでなく、たえずその増強を強要されている。かような現状のもとで、米国の意向に応じて憲法改正を問題とすることは、とりかえしのつかない、いつまでもわざわいを残すような重大なあやまちをおかすおそれがきわめて大きい。

民主的平和憲法と、その精神に則っておこなわれたさまざまの立法とによってもたらされた幾多の制度の革新は、あまねく日本の社会の内面に深刻な影響をおよぼしてきている。諸々の制度の変革がおこなわれても、一般国民の法意識や、政治意識が、決してたやすく急速に変化するものでないことは、いうまでもないけれど、すぐる十年の歳月をかえりみると、一年また一年としだいに新しい法意識や政治意識が一般国民のあいだに行き渡り、知らず知らずのあいだに彼らの生活態度を制約する力を増大しつつあることが、いろいろの社会部面のいろいろの現象によって推知《すいち》しえられる。世界平和を切実にこいねがい、戦争を烈しく憎悪し、平穏で、自由で、活気に富む、ゆたかな国民生活を熱望する心情こそは、ひたすらに利欲を追求してやまない一部の人々や、またよこしまな野心をいだく一部の人々を除いて、大多数の国民に普遍的なものである。そして、このような、大多数の国民に共通な心情に根を下ろして、憲法の根本精神とつながる新しい法意識や、政治意識は、徐々にではあるけれど、しだいに成長しつつある。とりわけ、年々総人口のより大なるパーセンテージをかたちづくって行くところの、戦後のあたらしい学校教育をうけつつ成長した青少年において、そのような事態は、とくに顕著に観取される。

たしかに、国会の両議院においては、改憲を主張する保守系の議員たちが過半数の議席を占めているが、周知のごとく、これはいろいろの公職選挙につきまとう惰性的諸事情に基因するものであって、一般国民の真実の意識を反映するものではない。

日本国憲法の根本精神が、平易に、よくよく説き明かされるならば、圧倒的多数の国民の真情は、力強くこれに共鳴し平和憲法の存続をこいねがうに相違ない、と信ずる。

――「世界」昭和三十二〔一九五七〕年六月号――

六　憲法問題解決の基準

一

「人間の社会生活を規律する永久不変の法がある」という思想は、東洋でも西洋でも、きわめて古い時代からあらわれて、その後の時代に受けつがれた。しかし、それはいわゆる「自然法」の存在を主張するものであって、いま私たちが「法」ということばを用いる場合に意味する対象、すなわちいわゆる「実定法」に関するものではない。実定法、いいかえると、社会において現実に行われる法の内容は、社会の諸事情の移りかわりにつれて変化することをまぬがれないのであって、実定法に関するかぎりは、永久不変の法はあり得ない。もちろん、このことは、実定法の一種としての憲法についても異なるところはない。

一八八九年の憲法発布勅語の中には、「朕《ちん》カ祖《そ》宗《そう》ニ承《う》クルノ大権ニ依《よ》リ現在及将来ノ臣民ニ対シ此ノ不磨《ふま》ノ大典《たいてん》ヲ宣布ス」とおごそかに述べられてあるが、半世紀ばかりの生命をもっただけで、大日本帝国憲法はほろんでしまった。ただし、旧憲法第七十三条は憲法改正の手続について規定していたのであるけれど、憲法の基本原理にかかわるような改正は絶対にゆるされないという建て前が前提となっていた。実際においても、一八九〇年に施行されてから後、その改正が公然と問題とされた事例は一度も発生しないままに半世紀ばかりを経過した上、敗戦後にいたって、第七十三条の規定がはじめて役立てられ、改正の形式をよそおいながらも、事実的には大日本帝国憲法は廃棄され、これに代る新しい憲法が制定された。

いまから回顧すると、明治憲法をあまりにも尊重しすぎて、どの条項に対しても全く改正をほどこさなかったことのために、廃棄の運命を招いたのだ、と考えられるであろう。それが明治期のなかばに施行されてから以後、大正期を経て、昭和期にいたるまでのあいだには、日本の国内事情にも、日本をめぐる国際事情にも、いろいろの重大な変化が生じた。もしもそれに適応するような妥当な改正が適時におこなわれたのであったならば、満洲事変以来の不法無謀の国策の持続の結果、ついに敗戦とそれにつぐ明治憲法の廃棄というような悲劇的事態の発生を見ることもなかったであろう。

「千古《せんこ》不磨の大典」というような、自信過剰の表現によって、永続性を標榜するような態度は――はなはだ当然のことではあるけれど――日本国憲法の前文の中にはいささかもあらわれていない。国家の根本法たる性格をもつ憲法は、決してみだりに改正されるべきではないけれど、社会の歴史的発展の結果として、なんらかの改正をほどこすことが必要となった場合には、できるだけ最も適当な時期に所要の改正がおこなわれることがのぞましいことは、あらためていうまでもないところである。もとより、日本国憲法についてもかような要請は十分に妥当するはずである。

二

もとの憲法の場合には、施行されてから半世紀ばかりを経過した後、廃棄されるにいたるまで、公然とその改正が問題とされたことは一度もなかったのとは正反対に、現行の憲法の場合には、それが公布されるに先立って、すでに一九四六年十月十七日に極東委員会は、新憲法の実施後、その実際の運用に照らしてこれを再検討する機会を、日本国民にあたえるために、新憲法の実施後一年以上、二年以内の時期に、日本の国会をして新憲法の再検討をおこなわせる方針を決定した。これは、外国の側からの圧迫の下に日本国憲法が制定されたものであることに対して、日本国民の側で不満や反感が生ずるであろうということについて、連合諸国の側で懸念をいだいていたことを反映したものであるとおもわれる。そして、翌一九四七年五月三日の新憲法発効をひかえて、三月二十七日に極東委員会は、「日本国憲法が効力を発生する日から数えて一年あるいは二年のうちに、憲法に関する日本の国民投票を命令することがあり得る」ということを決定し、「今回の決定によって、日本国民は憲法実施後さらに憲法についての意志を求められるわけである。極東委員会は、日本国憲法が日本国民の自由な意志を反映したものであるかどうかを決定するために、国民投票その他国民の意志を問う適当な方法を要求することになるかも知れない」という説明を発表した。

かような極東委員会の発表は、日本人の側においていくらか反応をよびおこさなかったわけではない。憲法が実施されてから一年をへて、翌年の五月ごろからしばらくのあいだいろいろの方面で憲法改正の問題が論ぜられた。ことに政府はいくつかの条規についての改正案を考え、衆議院議長は憲法改正委員会を組織することについて考えたと報道された。だが、連合諸国の側から積極的な示唆があたえられたにもかかわらず、結局のところ、国会も、政府も、憲法の再検討に着手することをせず、暗黙のうちに憲法を再確認する態度をとった次第であった。

かような国会および政府の態度と平行して、民間の側でも憲法改正の問題に対する関心は稀薄であって、どれほども活潑な論議はあらわれなかった。ところが、二ヵ年ばかりを経過した一九四九年の後半にいたって、対日講和条約の問題が頭をもたげるようになってから、この問題と連関して、憲法第九条をめぐって再軍備の問題がしきりに論ぜられることとなり、それとともに新憲法は外国の側からおしつけられた憲法であるという点をとくに強調しつつ、第九条の改正を主張する人々がぞくぞくとあらわれた。翌一九五〇年六月に朝鮮動乱がおこってからまもなくマッカーサー元帥が発した指令に応じて、警察予備隊が新設されたが、さらに、一九五二年四月に対日平和条約および日米安全保障条約が発効するにおよんで、警察予備隊は保安隊に改編され、その軍隊的な性格と実質は一層強化された。

かように、米国の側からの力強い要請にもとづいて防衛体制が実現され、逐次に充実されるようになった状勢を背景として、第九条をはじめ憲法の全条項を研究、調査するための憲法調査会を自由党内に設置しようとする動きがあらわれるとともに、他方では、このような動向に反抗して、平和憲法の擁護をめざす運動も活潑となったのであって、現実の政治的意義をもつ憲法問題の論議は、このころから展開されはじめた、ということができるであろう。ことに、第五次吉田〔茂〕内閣が倒れた後に、憲法改正問題に対して熱意をいだく鳩山〔一郎〕首相〔一八八三―一九五九年〕が、一九五四年に組閣してから、翌年の夏の第二十二特別国会に憲法調査会法案を提出し、左右社会党の強硬な反対のために廃案となったが、かさねて一九五六年二月、第二十四国会に新たに憲法調査会法案を提出し、両保守党の合同によって発足した自由民主党の力によって、五月憲法調査会法が成立した。同法により内閣の機関として設けられた憲法調査会は、社会党の側の参加拒否などの事情のために、構成がのびのびとなり、一九五七年八月に、第一次岸〔信介〕〔一八九六―一九八七年〕改造内閣が成立してからまもなくようやく発足した。

「国家の根本法たる憲法は、決してみだりに改正されるべきではないけれど、社会の歴史的発展の結果として、なんらかの改正をほどこすことが必要となった場合には、できるだけ最も適当な時期に所要の改正がおこなわれることが望ましい」ということを、まえに述べたが、果たしてそのような所要の改正を憲法に加えることがのぞましいような、十分に適当な時期に、私たち日本国民は接近しているのであろうか。

三

一九四七年五月三日に日本国憲法が施行されてから、早くも十一年半以上の歳月が経過した。世界全体を見わたしても、また視野を日本の国内に局限してみても、それはきわめてはげしい動揺と重大な変化とにみちみちた時期であったことはたしかである。とりわけ、敗戦を契機として、明治期以来の国家体制を根本的に変革し、以前の国家体制の思想的基礎をかたちづくっていた国家観を廃棄したうえ、あたらしい平和的、民主的な日本の社会と国家を建設すべき使命の実現をめざしつつ、敗戦がもたらした絶大の悪条件とたたかいながら、一年また一年と進んできた日本民族にとって、それは深刻な苦難にみたされた、しかも貴重な経験のつみかさねられた期間であった。それでは、このような歴史的内容をもつ十一年半あまりの期間が経過した現在において、憲法改正がのぞましいと考えられるような時期に私たち日本国民は接近しているのであろうか。憲法問題に関して私たち国民にあたえられた当面の緊要な課題は、かような問いに対して真に正しい解答を見出すことにあるといわねばならぬ。

ところで、憲法問題についての岸内閣および自由民主党の意見を要約すると、つぎのようなものである、ということができるであろう。

(1)彼らはできるだけ早く憲法改正が実現されることを欲している。
(2)彼らは憲法の基本原則にかかわる改正がのぞましいと考えている。
(3)彼らは旧憲法の精神から新憲法の精神への躍進的方向に逆行するようなしかたで、憲法の基本原則にかかわる改正を実現することをもくろんでいる。

憲法を改正しようとする意図は、鳩山内閣からうけつがれたものであり、現内閣および自民党が、できるだけ早い時期に憲法改正のための法定の手続に着手しようと念願していることは、明白であるが、国会が憲法改正を発議するために必要な、各議院の総議員の三分の二以上の議席を、自民党は占めていない。衆議院で絶対多数を占める与党によってバックされながら、国民の良識にさからうような種々の立法や政策をそれからそれへとあせり気味に推し進めようとする現内閣のやりかたの底には、右のような念願が根強くはたらいているのではなかろうか。

一口に憲法改正といっても、主として政治上または行政上の技術的理由にもとづいて、あまり重要でない条項の改正がおこなわれることは、諸外国の憲法においてしばしば見出される事例であるが、政府と自民党がもくろんでいる憲法改正は、そのような種類のものではない。憲法調査会法が国会を通過した直後に自民党の憲法調査会が発表した「憲法改正の問題点」は、憲法のほとんどすべての章にわたって問題点を挙示しているが、憲法の基本原則にふれるような改正をねらっている底意がおのずとあらわれている。たとえば、天皇の地位を高めて――慎重な考慮を要するとはいっているけれど――元首の地位に復帰せしめるとか、第九条をあらためて、自衛のための軍備をみとめ、軍の最高指揮権に関する条規をあらたにつくるとか、国民の基本的人権に対して重大な制限を加え、とりわけ徴兵制度を復活するとか、等々というように。

憲法調査会法案に反対し、その国会通過を阻止することに努力し、したがって、自党の議員の憲法調査会参加を拒否した社会党は、憲法の基本原則のいずれかにふれるような改正をおこなうことを必要とする時期が近づいているという意見を、まっこうから否定する態度をとるものである。

憲法問題について互いに全く対立するところの以上両様の見解のなかで、どちらが真に正しいものであるか。それを見きわめる課題が私たち国民にあたえられている。

四

「日本国憲法は、連合国軍による国土の保障占領と国政の管理の下に制定されたものであり、連合国総司令部からおしつけられた憲法である。したがって、日本人の自主的な立場から憲法を検討し、日本の国情に即した改正を行わなければならない。」かような主張は、早くから改憲論者たちのくり返したところであり、いまでも改憲論者が強調している主張である。

終戦直後に、マ元帥が「憲法改正は当面の急務であると考える」旨を、当時の内閣首相であった東久邇宮《ひがしくにのみや》〔稔彦王《なるひこおう》〕〔一八八七―一九九〇年〕に通達したときから、いよいよ日本国憲法が制定されるにいたるまでの複雑な経過は、多数の法学者や政治学者などによって究明されており、そのあらましは世間に周知されている。はなはだ遺憾なことではあるけれど、日本国憲法は、決して日本の政府および議会が全く自発的に、かつ全く自主的な立場において制定したものではない。いいかえると、それは連合国総司令部の側からの指導的圧力のはたらきの影響をうけながら制定された憲法である。しかしながら、それは決して全面的におしつけられた憲法ではないということも確かである。

日本国憲法は、日本の社会の歴史的発展のプロセスにおいて創りだされた国民共有の文化財である。「一九四六年六月二十日からひらかれた第九十臨時帝国議会において、旧憲法の改正案が審議され、いろいろの修正をほどこした上で可決され、さらに枢密院の諮詢《しじゅん》を経た後、十一月三日に天皇により公布された」というのは、単に法の観点からみた日本国憲法の産出の一面の粗描にすぎない。それが創りだされるにあたっては、複雑に交錯した客観的諸要因を背景として、さまざまの主体的諸要因がはたらいている。すなわち、きわめて数多くの個人ならびに種々の集団の力が、いろいろの方向からいろいろのしかたではたらきかけることによって、日本国憲法の成立をもたらしたのである。もちろん、それらの力は、数量的に測定されることの可能な物理的な力ではなく、社会的にはたらく心理的な力であるから、その一つ一つの大きさまたは強度を正確に判定することは全く不可能であるが、連合国総司令部の側からはたらきかけた力が、きわだっていちじるしい大きさのものであったことは、肯定され得るであろう。ところで、「日本国憲法はおしつけられた憲法である」というのは、一方の側に総司令部を置き、他方の側に日本の政府または国民を置いて、前者から後者に圧力を加えられたという客観的事実を述べた命題であるが、しかし、ことがらはより複雑である。「おしつけられた憲法」といういいあらわしは、受動的立場にある主体の感覚または感情のニュアンスを多分にふくんでいる。旧憲法の国家体制に対し根強い愛着をいだいていた人たちや、それを維持することに多大の利益をもっていた人たちは、好ましくない憲法をおしつけられたということを深刻に、痛切に感じたであろうし、これに反して、新しい国家体制を高く評価し、心からよろこんでうけ入れたような人たちは、あたらしい憲法をおしつけられたという実感をどれほどももたなかったわけである。日本国憲法が施行されてから十一年以上を経過した現在においても、この憲法をつらぬく精神に深く共鳴し、それによってさだめられた平和的・民主的国家体制の存在意義を力強く肯定する人たちは、それがおしつけられた憲法であるということをさまで感じないのに反して、この憲法をつらぬく精神に対して反撥を感じ、旧憲法の国家体制に対してたちがたい執着をいだく人たちは、ことさらに「おしつけられた憲法によって日本の国民生活が制約されている」ということを強調する気持にかりたてられるわけである。

五

日本国憲法の制定の際に連合国総司令部の側から日本の政府または国民に対して加えられた圧力の大きさ、いいかえると、あたらしい憲法がおしつけられた度合の大きさは、右に述べたように、純客観的に判定しえられるものではなく、多分に主観的な感覚的または評価的測準によって判定されるものであるけれど、いずれにせよ、日本国憲法は十分な意味において日本人により自発的、かつ自主的に制定されたものではなく、なんらかの程度におしつけられた憲法であるに違いない。

だから、「おしつけられた憲法」の下に生活することを欲しないというのであるならば、日本国憲法を廃棄し、大日本帝国憲法を復活させるよう努力するほかはないであろう。そして、そのうえで、必要であるとしたら、復活した旧憲法になんらかの改正を加えることを期待すべきであろう。そのような方向をめざして努力するのではなく、日本国憲法のあれやこれやの条項の改正を企ててみたところで、そしてたといそのような企てが成功したと仮定しても、おしつけられた憲法はどこまでも「おしつけられた」という性格を持ち続けることにかわりはないはずである。それ故、「おしつけられた憲法」であるから、憲法を改正しなければならぬという考えかたは、不徹底であり、論理の整合性を欠くものであって、すべからく「現行憲法を維持すべきか、明治憲法を復活すべきか」というように、二者択一のかたちで問題を提起すべきである。

しかし、実際には、改憲論者たちはそのような徹底したしかたで憲法問題を提起してはおらず、「日本国憲法はおしつけられた憲法であるから、日本の国情にふさわしくない点がいろいろある」として、新憲法によって定められた国家体制の骨組は、大体において保持しつつ、部分的にいろいろの改正をほどこすことを主張している。たとえば、まえに引用した自民党発表の「憲法改正の問題点」は、国民主権の原則をはじめとして、個人の尊厳、基本的人権の保障、平和主義および国際協調主義の原則、等々は維持されるべきであることを前提した上で、いろいろの重大な改正を加えることを問題としており、そのほか、これまで発表された種々の主だった改正意見も概して大同小異の内容をもっている。

終戦後に、明治憲法に代るべき憲法の制定が現実の問題となってから、憲法改正草案の確定にいたるまでの期間において、当時の日本政府が最も深い関心をいだいていたのは、旧憲法の天皇制の維持、いいかえると、主権者としての天皇の地位の維持ということであり、したがって、総司令部の側からの圧力に対して日本政府の側で最も頑固に抵抗したのも、その点にほかならないのであった。それだのに、現在において改憲論者たちが、さすがに国民主権の原則をくつがえして、天皇主権の原則を復活することをあえて主張しようとしないのは、到底そのような改正案が一般国民によってうけいれられないであろうことが予想されるからであろうが、主張の建前としては、国民主権の原則がよりすぐれたものであり、かつ現在の日本の国情にふさわしいものであることを認めているものといわざるをえない。この一つの例だけからもわかるように、「おしつけられた憲法である」ということは、逆行的な方向における改正のもくろみに対する同感をよびおこすための便宜的ないいぶん以外の何物でもなく、憲法の内容のいかなる部分は保たれるべく、いかなる部分は改められるべきであるかの判断は、憲法がおしつけられたものであるか否かということにはかかわりなく、別個の基準によるべきものと考えられている次第である。

六

よく知られているように、憲法実施後十一年以上のあいだに、最も頻繁にはげしい論争の対象となったのは、戦争放棄に関する第九条の規定である。しかも、この論争がさかんにおこなわれるようになったのは、一九四九年の後半に対日講和条約の問題が頭をもたげるにいたったころからであり、ことに、一九五〇年のなかばに朝鮮動乱が勃発し、米国の極東政策、とりわけ対日外交方針が大幅に転換したころから、論争が一層尖鋭化するとともに、第九条を中心目標とする憲法改正論が活潑となった。中ソの陣営に対する防壁の強化を熱望する米国政府の側から、日本の自衛力の増強に対する強い要請がくり返され、一九五三年十一月に来日した〔リチャード・〕ニクソン副大統領〔一九一三―九四年〕が「米国が戦争放棄の憲法を制定させたことは誤りであった」というようなことを公然と発言するような状勢となり、それからまもなく吉田首相が自由党内に憲法調査会を設置することを要望するにいたった。このころから急に憲法問題が現実の政治的意義を明瞭にもつようになったことから見ても、改憲論および改憲運動が高度に米国の側からの圧力に影響されて活潑となったことは明らかであり、米国の側からおしつけられながら、「おしつけられた憲法」を自主的に改正しようとする議論がさかんに唱えられるという、はなはだ矛盾した事態に、私たち国民は当面することとなった。

一昨年（一九五七年）八月にようやく発足して、第一回総会をひらいた憲法調査会が、本格的な調査の仕事としてまず着手したのは、日本国憲法の成立過程を明らかにすることであり、逐次の総会にいろいろの参考人から参考意見を聴取した。さらに、第八回総会で「憲法制定の経過に関する小委員会」をつくって、一層まとまった調査と報告を担当させることとしたばかりでなく、高柳〔賢三〕会長〔一八八七―一九六七年〕ほか二人の委員が海外に出張し、ことに米国で憲法第九条がおしつけられたものか否かの点を調査することに努めた。昨年の後半期にはピッチをあげて、憲法実施後における運用の経験をさまざまの制度にわたって調査し、これに関する世論の動向を知ることを試みたのであるが、なんといっても、憲法調査会のこれまでの努力の大部分は、憲法の成立過程の究明にむけられたようである。

日本国憲法の成立にいたるまでの過程を明らかにすることは、十分に意義のある課題であるに相違ないが、本来これは専門の史学者が真に科学的な立場から遂行すべき仕事であり、かようなアカデミックな仕事にとりくんだ憲法調査会の労は多とすべきであろうけれど、これまでおさめた成果は、すでに多数の学者、ことに若干の憲法学者によってなされた研究の水準に達しないものであるようにおもわれる。

第九条のなりたちの由来を見きわめることを中心目標として日本国憲法の成立過程を究明するというのであれば、大日本帝国憲法の廃棄と、これに代る日本国憲法の制定とをもたらした歴史的必然性の由って来たるところをさかのぼって的確に究明することが必要である。とりわけ、一九三一年の満洲事変の際に、「自衛権の発動」ということを口実として在満駐屯軍が違法の行動を開始してから後、日本の政府および軍部がそれからそれへと不法無謀の侵略的国策を続行した結果、一九四五年の敗戦にみちびき、国家体制を根本的に変革せざるを得ない運命を招いたときにいたるまでの歴史的過程を検討して、反省と自覚のための資料を提供することが、平和憲法の成立の由来を真に的確に認識する上に必要不可欠の課題ではなかろうか。

「憲法をなるべく早い時期に改正することは必要であり、かつ望ましいであろうか。」このような問いに対して正しいしかたで答えることが、現在私たち国民に課せられた憲法問題の第一課題である。一九四五年の敗戦直後に国家体制の革新が要請されはじめてから、日本国憲法が成立するにいたるまでのいきさつについて、主要なことがらを知っておくことは、右の課題を解決するために必要な条件ではあるけれど、そのようなことがらに関する認識そのものは、解決のための基準たる意義をもつものではない。「全国民のすこやかな、有意義な生活を保障するところの日本の平和的・民主的発展のために役立つべく制定された日本国憲法を、私たち日本国民の真に自主的な立場において再検討すべき時期が、すでに到来しているか、否か。」このことがらについての的確な認識こそは、右にあげた憲法問題の第一課題を解決するための基準であるとおもう。

七

現在私たち国民に課せられている問題としての憲法問題の解決について考えるにあたって、私たち日本国民は、現行憲法の下においてはじめて真に自主的な立場で憲法を改正し、またはあらたに制定し得るにいたったのであるということを、とくに力説する必要がある。「旧憲法は、日本人の自主的な立場において制定された憲法である」ということは、一応は肯定しえられるけれど、一層掘り下げて考えると、「旧憲法は、真の意味において、または十分な意味において、日本人の自主的な立場で制定された憲法である」ということはできない。明治十年代に全国的にひろがったところの、国会開設を要望する自由民権運動が憲法制定にみちびいたことは、うたがいのない歴史的事実であるが、それは大日本帝国憲法制定の誘因をかたちづくっただけであって、憲法制定そのものは、天皇を取巻く絶対主義官僚により、秘密のうちに、彼らのおもわく通りにおこなわれたのであった。すなわち、当時猛然たる勢いで国民のあいだにもりあがった自由民権運動を抑圧するために先制的な手を打って、明治十四〔一八八一〕年十月十二日に突如として国会開設の詔勅が発せられた後、華族制度の新設、内閣制度の制定、皇室財産の拡大、枢密院の設置、等々をつぎつぎにおこなうことにより、天皇大権主義の国家体制を確立するための地盤をかためたうえで、伊藤博文〔一八四一―一九〇九年〕ら少数者によってつくられた憲法草案が、枢密院の秘密審議に付せられ、明治二十二〔一八八九〕年二月十一日に、憲法が発布されたのであった。かようなしかたで、明治憲法が制定されて、天皇絶対主義の実体の上に、立憲主義の外被を巧みにかぶせた国家体制ができあがった背後において、明治十〔一八七七〕年の内乱にあたって叛軍を屈服させた皇軍の武力、ならびに自由民権運動をきびしく弾圧した警察の機構が重大な役割を演じたことを特記しなければならぬ。典型的な欽定《きんてい》憲法としての、いいかえると、天降り憲法としての性格をそなえていたのであるから、旧憲法は、いたって当然のことながら、天皇の意思によってのみ改正しえられるものとされていた。すなわち、憲法改正に関する議案は帝国議会に付議されるべきこととなってはいたけれど（第七十三条）、議会は可否について議決するだけで、修正をほどこすことはできないものと解釈されていた。

日本国憲法の制定は、形式的には、旧憲法の規定していた憲法改正の手続によっておこなわれたが、なにしろ実質的には新しい憲法の制定たる性格をもつものであったところから、議会は改正案にそこばくの修正を加えたうえで、これを可決した。天皇主権の基本原則をみとめる旧憲法をあらためて、国民主権の基本原則をみとめる新憲法の制定を議決した議会それ自身が、すでに性格転換を来たしていた、と考えられるであろう。しかも、かような議会の性格転換も、憲法の根本的改正が連合国総司令部の側からの圧力のもとに着手されたことにもとづくものであり、日本国憲法の制定が真に日本人の自主的な立場においておこなわれたものでないことは、はなはだ明白な事実である。

だが、その成立のプロセスが完結して、すでに成立し、発効した現行憲法の下では、その規定にもとづいて、国民は憲法制定権、または憲法改正権をもつこととなった。これは、主権在民の基本原則をみとめる現行憲法の建前から見て、いたって当然のことではあるけれど、憲法問題の解決について考えるにあたって、十分に思念されねばならぬことがらである。

八

明治十年代には、国民の意思が統一的に公然と表現されるための制度は、もちろん存在していなかったし、また、そのころ全国の多くの地方でおこった自由民権運動は、全体として統一的な組織をもっていたわけではなく、かつそれらの運動をリードした人々の思想や意見も区々《まちまち》にわかれていた。しかしながら、政府の側において、憲法制定事業を進めるにあたり、民意を代表する人々が集って審議する機関を設けたうえ、国民の側の意向をとり入れて憲法を制定する制度をつくることは、理論的に可能であったはずである。しかるに、政府は全く反対の態度をとり、自由民権運動の気勢をくじき、絶対君主制を根本の建前とするところの似て非なる立憲主義政治体制を確立することをめざして憲法制定を企画し、実行した。

この故に、明治憲法は日本人の自主的な立場において制定されたものである、と一応はいうことができるにもせよ、決して真に日本国民の自主的立場において制定されたものではない、といわざるをえない次第である。

日本国憲法の発効は、全くあたらしい事態をもたらした。旧憲法の時代にあっては、あらゆる法の効力の根源を成すものは、天皇の意思であったのとはちがって、現行憲法のもとでは、あらゆる法の効力は国民の総意に発源することとなった。したがって、他の一切の法に優越する効力をもつ憲法も、もちろん国民の総意にもとづいて存立することとなり、憲法の改正は、国民の総意にもとづくのでなければ行われえないこととなった。ことに、憲法改正手続について国民投票制度を採っている点は、現行憲法のいちじるしい特色の一つをかたちづくるものである。すなわち、第九十六条は、「この憲法の改正は、各議院の総議員の三分の二以上の賛成で、国会が、これを発議し、国民に提案してその承認を経なければならない。この承認には、特別の国民投票又は国会の定める選挙の際行はれる投票において、その過半数の賛成を必要とする」と規定しているのであって、まず全国民を代表する選挙された議員で組織されている国会が、憲法改正について発議したうえ、国民の一般投票により改正案の承認または否認が決定されるわけである。

このほかに、憲法は、衆議院議員および参議院議員の選挙ならびに最高裁判所の裁判官の審査についても、有権者たる全国民による投票の制度を定めているが、これらの二つの場合にくらべて、憲法改正についての国民投票の制度がはるかにより重大な意義を有するということについては、多くのことばをついやす必要はないであろう。

今後、いつのときにか、なんらかの憲法改正案が国民投票に付せられることとなったならば、私たち国民は過去の日本の歴史に未だかつてなかった経験をすることとなるはずである。まして現在の政府および与党がもくろんでいるような、憲法の基本原則にかかわるような改正案が、国民投票に付せられると仮定すれば、日本の国家ならびに社会の運命にきわめて深い影響をおよぼすような、はなはだ重大な意義をもつことがらが、日本の歴史上はじめて国民の総意によって決定されることとなるわけであるから、現にあたえられている憲法問題の第一課題は、すべからく正しい基準に照らして適切なしかたで処理されなければならない。それでは、そのような正しい基準とは、どのようなものであるだろうか。

九

一八八九年に大日本帝国憲法が制定されたころにも、また一九四六年に日本国憲法が制定されたころにも、日本人が真に自主的に憲法を制定することのできる条件は欠けていたのに反して、現在では、そのような条件があたえられている。もしも将来いつか憲法改正がおこなわれるべき適当の時期が到来したとすれば、まさにかような条件を十分に活かして、日本国民の真に自主的な立場において、憲法が改正されなければならぬ。憲法問題について現在私たち国民にあたえられている第一課題を解決するための基準は、かような要請を手がかりとして見いだされるはずである。

一般的に、抽象的に「憲法問題」といえば、「現行憲法が改正されることが、望ましいか、否か、あるいは必要であるか否か」という問題、また「現行憲法の改正が望ましい、あるいは必要であるとすれば、いかなる条項を、いかなるしかたで改正することが望ましいか、あるいは必要であるか」という問題が念頭にうかぶであろう。そして、これらの問題について思念することこそは、憲法問題について私たち国民にあたえられる本格的課題たるものというべきであろう。しかしながら、憲法問題について現在私たちにあたえられている当面の具体的課題は、現内閣および自民党のもくろんでいるような憲法改正が、近い将来においておこなわれることが果たしてのぞましいか否か、あるいは必要であるか否かを、正しく見きわめることに存するのである。

現行憲法にもとづいて、日本国民が真に自主的に憲法を改正しうるための条件があたえられているのであるが、これは法的な条件である。法的条件は必要な条件ではあるけれど、それだけでは、十分な条件があたえられているとはいうことができない。この場合に十分な条件というのは、政治的および社会的条件、特に政治的条件である。わが国が日米安全保障条約の第三条にもとづく日米行政協定、ＭＳＡ〔Mutual Security Act（相互安全保障法）〕諸協定などのために、米国に対して高度の従属関係にある現状においては、ここにいわゆる政治的条件が欠けている。したがって、私たち国民が真に自主的に憲法を改正しうるための必要な法的条件は、憲法によってあたえられているとはいうものの、これを活用して真に自主的に憲法を改正しうるための十分な条件がそなわっていない次第である。ただし、憲法の基本原則にかかわるものでないところの、単に技術的意義をもつ改正というのであるならば、現状においても日本国民が真に自主的な改正をおこなうことは可能である、とも考えられるであろうけれど、いま改憲論者がのぞましい、または必要だと主張しているような、憲法の基本原則にかかわりをもつ改正を問題とするかぎりは、自主的改正のための政治的条件、すなわち十分な条件が欠けている、といわざるをえない。いいかえると、現状の下においておこなわれる憲法改正は、決して真に自主的におこなわれるものではありえないのである。

十

改憲論の動きかたは、はじめから陰に陽に米国の極東戦略の動きかたによって制約されつつ、それに呼応してきた。一九四六年の後半に国共のあいだの内戦が全面的に展開し、やがて中共軍が国府軍を圧迫するようになったころから、米国の反共的極東戦略が急に強化されるとともに、日本の再軍備および憲法改正の必要を主張する議論が米国の側でしきりに現われはじめた。それに刺激されて、日本の国内で改憲論が頭をもたげはじめてから、一九五〇年の朝鮮動乱の勃発ならびに翌年の対日平和条約の締結のころまでは、改憲論は陰にこもってくすぶり続けたかたちであったが、一九五二年に日本の主権が回復されたころからは、社会の表面に陽動するようになり、さらに政府が憲法改正をねらう手をうつにいたるほどに憲法問題は現実化した。

かように、米国の側からの力強い要望に呼応して改憲論が発展したプロセスを反映して、はじめから憲法第九条の変改が改憲論の中心目標をかたちづくってきており、これをめぐってその他のさまざまの目標がかかげられてきている。そして、改憲論を主張する人々のいだいている政治思想、かれらの占める社会的地位、またそれとからまっている利害関係、さらにかれらが改憲論をとなえる動機は、必ずしも一様ではないけれど、客観的に見ると、おしなべて改憲論者たちが米国の極東戦略によって踊らされていることは、はなはだ明瞭である。核兵器、ミサイル、等々の超大量破壊兵器の最近における飛躍的発達につれて、米国の反共極東戦略はかなり大幅の修正をきたし、日本の軍事基地としての価値が低下したと伝えられているが、改憲論がおしなべて日本の対米従属関係による制約のもとに展開しているという根本事態はすこしも変化していないのである。

ひるがえって考えると、「自由と文化のたまものに恵まれた生活の安定を希求し、かつそのような生活のありかたを確保する世界平和の存続を念願する」というのが、大多数国民に共通な意欲であり、それの結集したものこそは、まさしく国民の真実の総意である。現行憲法は、あたかもかような日本国民の真実の総意にかなった社会のありかたを、しだいにより満足な程度に実現して行くための平和的民主国家体制を定立している基本法である。わが国の現状が幾多の深刻な社会的矛盾と欠陥を露呈していることは、あらためていうまでもないけれど、それは、憲法発効以後の国会および政府による施政が、どれほども憲法の精神にそうた適正なしかたでおこなわれてきていないためであって、決して憲法そのものの欠点にもとづくわけではない。

日米安保条約にもとづいて日本の全国土が米国の軍事基地として利用され、それとともにわが国が米国に対して高度の従属関係に立っているかぎりは、日本国民の真実の総意に合するようなしかたで憲法改正がおこなわれ得るための十分な条件が欠けている状態が持続する。したがって「全国民のすこやかな、有意義な生活を保障するところの日本の平和的・民主的発展のために役立つべく制定された日本国憲法を、私たち日本国民の真に自主的な立場において再検討し、その改正に着手すべき時期は、現在未だ到来していない」という認識こそは、憲法問題の第一課題、いいかえると、憲法問題の当面の課題を解決するための基準である、と考えられる次第である。

もしも、将来いつのときにか、日本が対米従属関係から離脱し、国民が真に自主的に憲法を改正しうるための必要かつ十分な条件があたえられるにいたったならば、憲法問題についての本格的課題に国民は当面するわけであるが、筆者自身の個人的意見からすれば、日本の民主化をより高い段階に進めるための基準に照らして、憲法の革新的改正がおこなわれるべきであるとおもう。そのような時期が未だ到来しない以前においても、憲法のいかなる条項をいかなるしかたで改正することがのぞましいかということについて、研究をこころみることは、もちろん有意義な課題であるに相違ないけれど、それは、現在私たち国民にあたえられている現実の政治的問題としての憲法問題たるものではないことを、とくに銘記すべきである。

――「世界」昭和三十四〔一九五九〕年三月号――

七　平和憲法と最高裁の使命

一

日本国憲法の全条項は、三つの基本原則によってつらぬかれている。平和主義の原則、民主主義の原則および基本的人権の原則がそれである。これらの三つの基本原則は、たがいに緊密にからみあいながら、憲法の全内容を制約しているのであって、三者は全体として、いわば、憲法を支える一本のバックボーンをかたちづくっている次第である。したがって、三者のなかのいずれか一つが否定された場合には、他の二者もまた弱体化し、そのために憲法が骨ぬきにされて、その全姿勢がゆがんだものとなる結果を生ぜざるをえない。

あらためていうまでもないことがらであるが、日本国憲法のになっている使命は、太平洋戦争がもたらした悲惨きわまりない絶大の戦禍をして空しいものたらしめず、かえって真に有意義のものたらしめるべく、正しいありかたを持つ日本国をあらたに建設し、日本民族が健全な発展をとげて行くために役だつところの法体制の基本的諸条件を確立することに存する。このような憲法の使命に照らしてみて、はじめにあげた三つの基本原則の重要な意義が理解されるわけであるが、右に述べたように、三者のいずれもがそこなわれることなく、憲法のバックボーンとしてのはたらきを保持することによってのみ、日本国憲法の使命は達成され得るものであることは、はなはだ明白である。

ところで、平和主義の原則は、憲法第九条の規定のなかに、集約的に表明されている。だから、憲法第九条の規定の誤った解釈にもとづく国家政策がそれからそれへと続行されるときは、憲法のバックボーンは傷つけられ、日本の正しいありかたがゆがめられるとともに、日本民族の健全な発展の途もふさがれる運命に帰着するほかはないであろう。しかも、これは単なる仮定的なことがらたるものではなく、第九条の誤った解釈をよりどころとする国家政策が大規模に遂行され、平和主義の原則が高度に抑止されきたっているために、憲法のバックボーンが弱体化しようとしているというのが、現実の事態である。すなわち、一方では、一九五二年の対日平和条約発効と同時に日米安保条約が発効して、国内の各地に設けられた軍事基地に米国軍隊が駐留し、活動するのと呼応して、他方では、一九五〇年の朝鮮戦乱の勃発に際して創設された警察予備隊が、その後、保安隊に改編され、さらに自衛隊に化して、躍進的にその軍事的能力を増大しきたっている。ことに、安保条約を改定して、より顕著な軍事同盟の性格をもつ日米安保体制を築きあげようとする対米交渉が、一昨年（一九五八年）の秋以来進められている。そして、丁度この安保条約改定に対する批判的世論がもりあがっているさなかに、昨年三月三十日に砂川事件に関して東京地裁があたえた判決の理由書は、「憲法第九条は、自衛のための戦力をもふくめて一切の戦力の保持を許さない」という、正しい解釈を前提する立場から、被告人の全員に対して無罪を言い渡した。東京地検はこの判決の趣旨を不服とし、四月三日に最高裁に飛躍上告をしたが、最高裁の大法廷は、六回にわたる口頭弁論と二十四回にわたる合議を経た上で、十二月十六日に、「原判決を破棄する。本件を東京地方裁判所に差し戻す」という判決を言い渡した。

昨年の四月のはじめに、東京地検が最高裁に飛躍上告をおこなったということを知ったとき、いろいろの事情を考えあわせてみて、最高裁が東京地裁の原判決の趣意を支持するような態度にでる公算は微小である、とおもったのであるが、そのような予想が事実によってたしかめられたことは、なんといってもきわめて遺憾である。東京地裁の裁判官諸氏にせよ、最高裁の裁判官諸氏にせよ、なんらか外部からの圧力によって動かされることなく、ひとえに良心にしたがい、法の正しい適用を目ざして、それぞれ右のような判決の言い渡しを肯定したものと信ずるのであるから、私はそのようなことがらをとやかくと問題とするつもりは全くない。だが、憲法第九条を自分勝手に解釈して、平和憲法の基本原則を無視する国家政策を進めて来た歴代内閣の態度を是正する途を打開するための絶好の機会があたえられたにもかかわらず、結果において弁護人側の弁論には耳をふさいだかたちで、検察庁側の主張をほとんど全面的に肯定するような判決をおこない、結果において保守政権の憲法を無視してはばからない態度に対し力強い支持をあたえたことを、心から悲しまざるを得ない次第である。しかも、少数意見をいだく裁判官は一人もなく、全裁判官が一致してそのような判決をおこなったということにあきれるほかはなかったのである。

一切の法律、命令、規則または処分が憲法に適合するかしないかを決定する権限を有する終審裁判所としての最高裁の判決が、法的実践の上で十分に尊重されなければならぬ権威をもつものであることは、あらためていうまでもないところである。だが、それだからといって最高裁の判決が国民の側からの批判を超越して妥当する権威をもつものでないことは明白であって、砂川事件に関する最高裁判決もその例外をなすものではない。それで、この判決に対して不満を感ずる国民の一人として、簡単に私の批判的感想を述べたいとおもう。

二

徹底した平和主義の基本原則によってつらぬかれている日本国憲法は、世界的にほとんど類例を見ないユニークなものである。かような特色をもつ憲法にもとづいて形成されているわが国の国家機構のなかに重要な地位を占める最高裁が、ユニークな歴史的使命を託せられているものであることを、はじめに力説しておきたいとおもう。

人間の社会生活を秩序づける規範としての性格をもっている法と、きわめて複雑な諸条件によって制約されながら展開して行く社会的現実とのあいだに、つねになんらかの範囲、なんらかの程度の間隔・不一致が見いだされることは、はなはだ当然の事態である。とりわけ、敗戦の結果として、法体制が根本的に変革され、従来とは全く異なる、新しい精神と基本原則を内含する憲法を中軸としてなりたつにいたった戦後のわが国の場合には、法と社会的現実とのあいだに見いだされる間隔・不一致が、ひときわ顕著であることは、あやしむにたりない事実である、といわざるをえない。そのような、新しい法体制と社会の現実態とのあいだの間隔・不一致を、たゆむことなくしだいに克服し、調整して行くことによってのみ、憲法にその輪郭がえがかれている平和的・民主的な日本国の理想像は、より現実化されて、すべての国民のあいだに自由と福祉とがよりあまねく、より十分に行きわたるはずである。このような平和的・民主的な日本社会を建設して行くプロセスにおいて、すべての裁判所による適正な法の適用が重大な歴史的意義をもつことは明らかであるが、なかんずく最高裁のいとなむ司法的機能の歴史的意義がとくに注目に値いするであろう。

裁判所のとりあつかう事件の大部分は、国民の日常生活のいとなみに関するものである。それらの事件とても、直接または間接に国民の基本的人権にかかわりをもつものであるから、それらが適正なしかたで審理され、解決されるか否かは、大量的に見て日本社会の平和的・民主的発展にとって、軽視することをゆるさない歴史的意義を有するわけである。だが、砂川事件の場合は、比較することができないほどに重大な歴史的意義が、最高裁判決に付着している。

日米安保条約第三条にもとづく行政協定に伴う刑事特別法に違反したものとして起訴された七人の被告人に、無罪を言い渡した東京地裁の原判決に対して、最高裁がいかなる態度に出るかということは、被告人たちの基本的人権にかかわる問題であって、それ自体として重い意義を有するものであった。だが、米国軍隊の駐留は憲法第九条第二項前段に違反し、許すべからざるものであり、したがって刑特法第二条の規定は、「何人《なんびと》も、法律の定める手続によらなければ、その生命若しくは自由を奪はれ、又はその他の刑罰を科せられない」とする憲法第三十一条に違反し、無効であるとの理由から、全被告人に無罪を言い渡した東京地裁の原判決に対し、これは憲法の解釈を誤ったものであるとして、東京地検が最高裁に上告した次第であるから、後者がこの事件をいかなるしかたで解決するかということは、きわめて重い歴史的意義を有することとなった。

憲法第九条第二項前段には、「前項の目的を達するため、陸海空軍その他の戦力は、これを保持しない」と規定されている。この規定の正しい解釈はどのようなものであるか、いいかえると、いわゆる自衛のための戦力をもふくめて一切の戦力の保持を禁止するものと解釈すべきであるか、そうではなくて、いわゆる自衛のための戦力の保持は許されているものと解釈すべきであるか、いずれの解釈が正しいかという点について、周知のごとく、法学者のあいだに顕著な意見の相違・対立があらわれており、これにともなって、政治の面においてはげしい論争がおこなわれてきている。ただし、かような論争がさかんにおこなわれるようになったのは、一九五〇年に朝鮮動乱が勃発してから以後のことである。それまでは、憲法第九条によって一切の戦争が放棄され、一切の戦力の保持が禁止されるとする解釈を、政府も公然と表明していたのであったが、朝鮮動乱が起ってからは、そのような政府の態度に動揺を来たし、鳩山〔一郎〕内閣に至っては、自衛のための戦争、自衛のための戦力の保持は憲法第九条に違反しない、という解釈を主張することとなり、かような主張が岸〔信介〕内閣にいたるまでうけつがれてきている。

一九五一年に日米安保条約が締結され、その発効にさきだって翌年二月に日米行政協定が締結された。さらに、一九五四年には日米相互防衛援助協定が締結されて、安保体制は一層強化されたが、実質的に軍事同盟的色彩をもっている現在の日米安保条約を強化して、安保体制の軍事同盟的実質を拡充することをめざす新条約の締結へのプロセスが、国民の側からの反対運動にもかかわらず、着々と進められてきた。これらの一連の対米外交政策、ならびにそれと平行して逐次におこなわれた自衛戦力の量的および質的増強は、すべて平和憲法の精神と相容れない第九条の解釈につながりをもつものであった。

安保体制の存立および自衛戦力の増強が、わが国の政治、経済、社会の諸分野にわたって非常に深刻な影響をおよぼし、日本社会の民主的発展をいちじるしく妨げてきている現実的事態から見て、砂川事件の裁判に当って最高裁が、憲法第九条の解釈にふれるか否か、それにふれた場合にいかなる解釈をとるかということは、よし直接的にではないにもせよ、間接的に、今後におけるわが国の運命に影響するところが至大《しだい》であり、この絶好の機会をとらえて、最高裁が平和憲法の精神にかなった解釈をあたえることが、切実に要請された次第である。

三

最高裁が、刑特法第二条と憲法第三十一条との関係の問題だけを取り上げて原判決を破棄するという安易な方法をとらないで、ともかくも憲法第九条の解釈の問題に正面からとりくんだことは、大いに多とせざるをえない。しかしながら、憲法第九条第二項が保持を禁止する戦力とは、「わが国がその主体となってこれに指揮権、管理権を行使し得る戦力をいうものであり、結局わが国自体の戦力を指し、外国の軍隊は、たとえそれがわが国に駐留するとしても、ここにいう戦力には該当しないと解すべきである」と判示しただけで、いわゆる自衛のための戦力の保持が第九条第二項によって禁止されているか否かの論点にふれることを回避したことは、慎重な態度であるとも、ずるい態度であるともいわれるばかりでなく、論理的に妥当を欠いた態度だといわざるをえない。なんとなれば、自衛隊の存立およびその戦力の逐次的強化と、日米安保体制とのあいだには、現実的に緊密な連関が存するのであって、自衛のための戦力の保持は憲法第九条の禁止するところであるとの解釈が正しいとしたら、自衛隊の存立とその戦力の逐次的増強を要請する日米安保体制もまた憲法の精神に矛盾するものとして違憲であると判断されなければならぬからである。

ところで、自衛のための戦力とそうでない戦力とを、客観的に判別することは、原理的に不可能である。憲法第九条第二項がその保持をゆるさない戦力のなかには自衛のための戦力はふくまれないと解釈することは、憲法第九条の規定をして全く空文に化せしめるものである。憲法をつらぬく平和主義の精神からみて、かような解釈があやまっていることは、至って明白である。だから、第九条は一切の戦争を放棄し、一切の戦力の保持をみとめないとするのが、正しい解釈であり、したがって、憲法を無視して設けられた自衛隊の戦力の強化を現実的に要請する安保体制もまた憲法の精神と相容れない存在であるというほかはない。

最高裁判決は、憲法第九条第二項がその保持を禁止している戦力とは、結局わが国自体の戦力をいうものである、と主張している。おそらく憲法制定当時には、外国軍隊の駐留による安全保障というようなことは予想されなかったとおもわれるのであって、私もまた第九条第二項はわが国自身が一切の戦力を保持しないことを要求するものであり、外国の保持する戦力は同条のいわゆる戦力に該当しないと考える。しかしながら、安保条約および行政協定にもとづく米国軍隊の駐留は――くわしい論証は省略するが――憲法の精神に反するものであって、一切の戦力の保持をみとめない第九条第二項が準用されるべき対象であると信ずる。

つぎに、最高裁の判決理由は、条約と憲法との関係の問題にふれて、安保条約は、「主権国としてのわが国の存立の基礎に極めて重大な関係をもつ高度の政治性を有するものというべきであつて、その内容が違憲なりや否やの法的判断は……純司法的機能をその使命とする司法裁判所の審査には、原則としてなじまない性質のものであり、従つて、一見極めて明白に違憲無効であると認められない限りは、裁判所の司法審査権の範囲外のものであつて、それは第一次的には、右条約の締結権を有する内閣およびこれに対して承認権を有する国会の判断に従うべく、終局的には、主権を有する国民の政治的批判に委ねらるべきものであると解するを相当とする」と主張している。この点については、小谷勝重《こたにかつしげ》裁判官〔一八九〇―一九六三年〕の意見が付せられているが、その趣旨は妥当である。いわゆる統治行為説などのような、欧米諸国で有力な理論の考えかたを役立てて、裁判所の司法審査権を大幅に制限することは、日本国憲法のもとにおける裁判所、ことに最高裁に託せられたユニークな歴史的使命の達成をいちじるしくさまたげるものであって、最高裁の見解は、憲法の擁護者または番人としての責務に関する自覚の不足をあらわすものというべきである。

また、最高裁は、憲法第九条の規定により、「わが国が主権国として持つ固有の自衛権は何ら否定されたものではなく、わが憲法の平和主義は決して無防備、無抵抗を定めたものではないのである。……われら日本国民は、憲法九条二項により、同条項にいわゆる戦力は保持しないけれども、これによつて生ずるわが国の防衛力の不足は、これを憲法前文にいわゆる平和を愛好する諸国民の公正と信義に信頼することによつて補ない、もつてわれらの安全と生存を保持しようと決意したのである。そしてそれは、必ずしも原判決のいうように、国際連合の機関である安全保障理事会等の執る軍事的安全措置等に限定されたものではなく、わが国の平和と安全を維持するための安全保障であれば、その目的を達するにふさわしい方式又は手段である限り、国際情勢の実情に即応して適当と認められるものを選ぶことができることはもとよりであつて、憲法九条は、わが国がその平和と安全を維持するために他国に安全保障を求めることを、何ら禁ずるものではないのである」と主張し、かような主張を前提しつつ、安保条約およびそれにもとづく米国軍隊の駐留の合憲性を主張している。

憲法第九条の規定は、「国際連合の機関である安全保障理事会等の執る軍事的安全措置等を最低線として、これによってわが国の安全と生存を維持しようとする決意に基くもの」である、という東京地裁の原判決の見解は、筋の通ったものである。米国の力本位の外交政策にもとづく極東戦略の手段の一つとしてつくり出された日米安保体制をもって、わが国の平和と安全を維持する目的を達するにふさわしい手段であるとみとめ、憲法の平和主義に反するものではないと主張する最高裁の見解は、憲法の前文にかかげられている国際協調の精神をいちじるしくゆがめて理解したものであり、米国の力本位の外交を全面的に支持するところの偏向的な考えかたに立脚するものであるとの批判をまぬがれえないであろう。

朝鮮動乱のころから平和憲法の精神にそむく政府の国家政策によりながい期間にわたって築きあげられた堅固な壁と、さまざまの受難にもかかわらず儼然《げんぜん》として存在している平和憲法とがたがいに対立している。その堅固な壁を突き崩して行くための最初の手がかりをつくる機会が、砂川事件の裁判において最高裁にあたえられたが、この機会をとらえるためには、一大勇猛心を必要としたのである。そのような精神力を必要とする試錬の前にたじろいで、最高裁は、結果において平和憲法を無視する国家政策に力強い支持をあたえるような判決をおこなったわけであって、最高裁がそれに託せられたユニークな歴史的使命を果たすことを回避したことを痛嘆せずにはいられない。日本の平和的・民主的発展を念願する立場から、かたよらない厳正な批判を加えることは、われわれ国民に課せられた責務であるとおもう。

――「世界」昭和三十五〔一九六〇〕年二月号――

解説

角田猛之

はじめに――恒藤恭のさまざまな顔

恒藤恭（一八八八―一九六七年）は本書『憲法問題』にさきだって『新憲法と民主主義』を憲法施行直後の一九四七年九月に岩波新書として出版している。恒藤の足跡を知らない読者がこれら二冊のタイトルをみれば彼を憲法学者と思うだろう。しかし、恒藤は実に多くの法哲学の著書や論文を著し、日本法哲学会理事長をも務めた戦前戦後のわが国を代表する法哲学者の一人である。しかも、大方の日本人にとって近づきがたいとされる法と、それ以上に近づきがたい哲学がジョイントした「法哲学」を専門にしていたにもかかわらず、敬して遠ざけられる純粋なアカデミズムの世界に閉じこもって生涯を送ったわけではなかった。

恒藤恭はさまざまな顔をもっている。芥川龍之介（一八九二―一九二七年）の第一高等学校以来の無二の親友でみずからも文学や芸術をこよなく愛する文化人。滝川事件で文部省に徹底抗戦し、京都帝国大学教授の職を投げすてた「硬派」教授の一人。新生・大阪市立大学初代学長として戦後のきわめて困難な時期に同大学をわが国有数の総合大学とするための基盤を築いた大学人。平和と民主主義、基本的人権を三大原理とする日本国憲法の擁護に晩年にいたるまで尽力した戦後民主主義のリーダーの一人。そして主として法哲学の業績によって功労者表彰を受けた日本学士院会員――。

本解説では、波乱万丈ともいうべき人生を反映した恒藤恭のさまざまな顔を、本業たる学者としての節目節目のことがらに依拠して区分しつつ、通時的に若干詳しく紹介したうえで（第一節）、恒藤恭、そして法学になじみの薄い一般読者の便をも考慮して、ときには私自身のコメントもまじえつつ、本書の内容を紹介する（第二節）。そしてそれらを踏まえて、本書の最終章のテーマであり、現在にいたるまで自衛隊と日米安全保障条約をめぐる問題に決定的な影響をおよぼしている砂川事件の判決に対する恒藤の評価と批判を検討する（第三節）。なお恒藤恭の業績に関しては、松田義男編「恒藤恭著作目録」がインターネットにアップされていて参照できる（http://ymatsuda.kill.jp/Tsuneto-mokuroku.pdf）。

一　恒藤恭の生涯

一高時代――芥川龍之介との親交

一八八八年に松江に生まれた恒藤恭は中学時代から文学の才能を発揮していた（当時は井川恭だったが、一九一六年に恒藤まさと結婚して改姓（二八歳）。ただし本解説では引用文以外では恒藤で統一する)。中学卒業後、消化不良症のため三年間の闘病生活を送ったが、その間にも小説だけでなく短歌や俳句、詩などの創作活動を活発に行っていた。とりわけ、長編小説「海の花」が『都新聞《みやこ》』の懸賞に第一席で当選し、一九〇八年に同新聞に連載されたことは恒藤にとって大きな喜びであるとともに、上京する契機になったことで彼の人生に決定的な影響を与えた(『都新聞』は、一八八四年に創刊されたわが国初の日刊の夕刊紙『今日新聞』を前身とする。中里介山『大菩薩峠』(一九一三年から)や尾崎士郎『人生劇場』(一九三三年から)などの長編小説も連載されている)。健康を回復した恒藤は、一九一〇年に『都新聞』の記者見習となるために上京し、記者のしごとに従事しつつ――「どうも新聞記者の仕事は自分の性格に適せぬことを感じたので」(山崎時彦編著『恒藤恭の青年時代』未来社、二〇〇三年、一六六頁)――第一高等学校(以下「一高」と略記)の入学者募集をたまたま知って、一高第一部乙類(英文科)を受験し、みごと合格した(二二歳)。

同年九月に入学後、一高の自治寮「向陵」で二年間すごした間に、同期で入学した芥川龍之介と知り合った(病気療養のため芥川より三歳年上だった)。のちの『旧友芥川龍之介』(朝日新聞社、一九四九年)の「序」を恒藤はつぎの一文ではじめている。

芥川龍之介は私の最も親しい友人の中の一人であった。一高の学生時代にはじめて互いに知り合ってから、私たちの親しい交わりは十六年ばかり続いた。……〔自殺後も〕彼のおもかげは絶えず折りにふれて私の意識のうちによみがえり[1]……。

芥川龍之介（左）と

この時期の日記が大学ノート八冊にペンで書かれており、それらを活字化して刊行されたのが『向陵記——恒藤恭　一高時代の日記』である（大阪市立大学大学史資料室編、大阪市立大学、二〇〇三年。日記のみで総頁四三六頁）。『向陵記』ではしばしば——より正確には、友人仲間のうちではもっとも頻繁に、芥川君、またときには「芥君」、「アク君」とも親しげに呼びつつ——芥川との日常的なやりとりや会話、行動・活動などを丹念に記録している。『向陵記』はさまざまな内容におよんでいるが、ここでは、彼が生涯にわたってもちつづけた権力に対する批判精神の一端を示す一例として、一九一一年二月一日の「謀叛論——徳富健次郎氏」に言及しておく（同書、一二二—一二四頁）。これは、日本中を震撼させたいわゆる大逆事件に関連して幸徳秋水ら一二名の死刑が執行された（一九一一年一月二四、二五日）直後の同年二月一日に、小説「不如帰《ほととぎす》」の作者である徳冨蘆花《とくとみろか》（本名・健次郎）（一八六八—一九二七年）が一高で行った有名な幸徳らの擁護演説「謀叛論」を、多くの一高生とともに聴講し、正確にその内容を記録したものである。

京都帝国大学法科大学大学院時代――国際法学から法哲学へ

文学青年だった恒藤は一高英文科を卒業後——芥川が予定通り東京帝国大学文科大学英文学科に進学したのに対して——かねて思いえがいていた文学への道を断念し、一九一三年に京都帝国大学法科大学（以下「京大」と略記）に進学した。そして、卒業後の一九一六年には国際公法専攻の大学院生として同大学院に進む（二八歳）。その間の事情を恒藤は後年になってつぎのように述懐している。(2)

〔大半の同級生は卒業後官庁や実業界に入ったが〕官庁や銀行、会社というような、拘束の多い、窮屈な場所には到底我慢が出来なさそうに思われ、もっと自由な、束縛の少ない方面に進みたいと考えた。(3)それで、教授諸氏の中でも在学のころから特に親しく指導して頂いた佐々木惣一先生に御相談した上、大学院に入学して国際公法を専攻することとした。（恒藤恭「学究生活の回顧」、『思想』第三四三号、一九五三年一月、八二頁）

官吏やサラリーマンといった窮屈な宮仕えを嫌い、自由で束縛のすくない研究者の道を選んだという後年にいたってのこの言は、自由を第一の信条とする「世界民」たることを理想とした恒藤の心情をよく物語っている。大学院修了二年後の一九二一年（三三歳）という研究者として駆け出しのころ、世界民に関して恒藤はきわめてストレートにつぎのようにのべている。「私にとっての必然は、私の意志にとっての真実の自由である。だから世界民としての私は、自由民としての私だ、そして私は自由が好きだ、誰れが何と言っても好きだ」(4)(恒藤恭『世界民の立場から』(「日本叢書」37)、生活社、一九四六年、四頁)。

　大学院での指導教授は国際公法の千賀《せんが》鶴太郎(一八五七—一九二九年)と国際私法の跡部《あとべ》定次《さだじ》郎《ろう》(一八七二—一九三八年)だったが、「思想や感覚の上で大きい距たりがあった。……両先生からほとんど何一つ学問上の指導をうけたようなことはなかった」とのべている(恒藤「学究生活の回顧」前掲、八三頁)。そのようななかで、グロティウスの『戦争と平和の法』をはじめとする国際法の古典にも関心を抱き、早くも大学院時代の一九一八年(三〇歳)にその一部を抄訳して『京都法学会雑誌』(のちに『法学論叢』と名称変更して現在にいたる)に掲載している。また、一般国際法の法源たる慣習法、そして慣習法研究を重視する一九世紀初頭のドイツの歴史法学(フリードリヒ・カール・フォン・サヴィニーやゲオルク・フリードリヒ・プフタ)、さらにはローマ法とその歴史にも関心をひろげ、一九一九年には「羅馬法ニ於ケル慣習法ノ理論」論文を『法学論叢』に投稿した(一九二四年に『羅馬法に於ける慣習法の歴史及理論』として弘文堂書房から出版)。

　これらの事実は、一高第一部英文科卒業生二六名中一番で卒業した——ちなみに芥川が二番——恒藤が、秀でた才能の持ち主だったことを物語っている(関口安義『恒藤恭とその時代』日本エディタースクール出版部、二〇〇二年、一四三頁)。そしてこのころから、国際法学とならんで、あるいは国際法学よりも強く、法の基礎理論たる法哲学(法理学)に関心をいだくとともに、いずれも京大の教授だった西田幾多郎（一八七〇―一九四五年）の哲学や、米田《よねだ》庄太郎（一八七三―一九四五年）、高田保馬《やすま》（一八八三―一九七二年）らの社会学にも知的関心を広げていった。

滝川事件以前――同志社大学法学部教授、京大経済学部助教授・法学部教授

(1)同志社大学時代　恒藤は一九一九年（三一歳）に京大大学院を退学し、同志社大学法学部教授のポストをえて、社会思想史と国際公法の講義を担当した。ちょうどその時期は、第一次世界大戦終結にともなうヴェルサイユ条約の締結、そして国際連盟（以下「連盟」と略記）創設の時期にあたっており、「国際法の歴史に新しいエポックがはじまったというような事情から、国際法に対する私の興味は新しく湧きあがった」とのべている（恒藤「学究生活の回顧」前掲、八五頁）。国際平和に関する理論としての新たな国際法とその制度的裏づけとしての連盟の動向に恒藤は大きな関心をいだいた。しかし、その後の日独伊をめぐる国際情勢のなかで連盟の機能は麻痺し、第二次世界大戦に突入していったという歴史的事実を遺憾の意をもって眺めるとともに、それらの一連の動向を冷静に分析している。そして戦後には、そのような連盟がたどった運命への反省から国際連合（以下「国連」と略記）が創設されたという歴史的事実、また米ソ対立のなかで、再度、国連が当初の本来の目的をはたせない状況にいたったこと、それにもかかわらず国連は国際平和と日本の戦争放棄との関係で非常に重要な歴史的意義を有していること、等々を、国際政治の動向に対する正確な認識と思想史的な学識にもとづいて明快に分析した。

恒藤は、一九世紀後半から二〇世紀初頭にかけてドイツを中心に哲学界を席巻し、わが国にも大きな影響を与えた新カント派に強い関心を寄せていた。そうして、同学派の代表的な法哲学者であるエミール・ラスク（一八七五—一九一五年）やルドルフ・シュタムラー（一八五六—一九三八年）の法律学方法論や法哲学を紹介することで、わが国における新カント派法哲学の紹介者としての恒藤恭の名と、わが国の学界での関心を大いに高めたのが『批判的法律哲学の研究』（内外出版、一九二一年一〇月）だった（最初の単著論文集（三三歳））。恒藤はその「序」の冒頭でつぎのように指摘している。「カントによって確立された批判的精神を法律哲学の方面に継承し発展しようとする見地に立つ学者の中の代表的な人々が法律哲学の主要問題について抱いている思想なり見解なりを、能うかぎり忠実にかつ正確に理解しようとつとめた試みの結果の一部分が、この書におさめた諸論稿である」。さらにラスクの *Rechtsphilosophie*（一九〇五年）を『法律哲学』として訳出し、出版した（大村書店、一九二一年二月。訳書ではあるが恒藤の処女出版）。これらの業績は、難解な新カント派の法哲学を初めて体系的に紹介したものとして、わが国の法哲学界に大きく貢献した恒藤のもっとも初期のすぐれた研究成果である。

しかし恒藤は、この時期に新カント派の哲学と同時にマルクス主義の文献にもなじんでおり、徐々に新カント派から一定の距離をおくようになる。「〔ラスクと同時に〕他方では河上〔肇〕〔京大経済学部教授（一八七九—一九四六年）〕先生からマルクスの『資本論』第一巻を貸して頂いて、わからぬなりにそれに取り組んだほかに、いろいろマルクス主義関係の書物をよんだ」（恒藤「学究生活の回顧」前掲、八六頁）。

⑵京大時代　一九二二年に同志社大学から京大経済学部に移籍した（三四歳）が、その理由はつぎのようにのべられている。「同志社大学は居心地が好く、別に不満があったわけではないけれど、何分にも蔵書が至って不充分であって、法律、政治、経済などの諸方面の蔵書のゆたかに充実していることが、私を京大にひきつけた大いなる魅力であった」（恒藤「学究生活の回顧」前掲、八七頁）。法学のみならず、経済学、政治学、社会学、歴史学、哲学、国際関係、等々のきわめて多岐にわたる文献——恒藤の必須の「商売道具」——を必要とした恒藤にとって、京大の充実した文献が何ものにもかえがたい魅力だったことはまちがいない。講義としては、京大経済学部では、ゲオルク・ジンメル（一八五八—一九一八年）を中心とした「経済哲学」、そして一九二八年の法学部移籍（四〇歳）後にははじめて「法理学」（法哲学）を担当し、後には「国際法」も担当（兼担）するようになった。

　京大移籍後、欧米での二年半の在外研究をはさんで、滝川事件で京大を去る一九三三年までの一〇年あまりが恒藤の学究生活としてはもっとも恵まれ、充実した時期だったといえる。彼はこの間一貫して研究に専念し、その成果として多くの書物や論文を公表している。すなわち、『国際法及び国際問題』（弘文堂書房、一九二二年）、『ジムメルの経済哲学』（改造社、一九二三年）、および先に言及した『羅馬法に於ける慣習法の歴史及理論』、『社会と意志』(内外出版、一九二四年)、そして『法律の生命』(岩波書店、一九二七年)、『価値と文化現象』(弘文堂書房、一九二七年)、等々である。『社会と意志』については、以下で言及するテンニースとの関係で恒藤自身が「回顧」のなかで言及している。
一九二八年から滝川事件以後の一九三六年までに発表した論文を一書にまとめて刊行したのが『法の基本問題』(岩波書店、一九三六年)である。その「序」において恒藤は、法哲学研究の出発点の段階から、その後のマルクス主義の検討を通じて、新カント派から一定の距離をおくことになった経緯をつぎのようにのべている。

かえりみるに、私の法律哲学的研究の出発点を成したものは、歴史法学の学説の考察であったが、其の後、新カント学派の法律哲学の考察に興味をもち、『批判的法律哲学の研究』(大正十年)を著した上、大体において斯学派の主張に共鳴する見地から執筆した諸論稿をまとめて『法律の生命』(昭和二年)を著したのであった。しかるに、其の後の考察と思索との結果、新カント学派の学説に対し、すくなからず不満をいだくに至り、斯学派の立場から離れて、他のさまざまの法律哲学上の学派の主張なり見解なりを研究し、検討すると共に、あらたに私自身の立場をきづくことに微力をつくした。
(同書、「序」一―二頁)

そのような研究成果の一部として刊行したのが『法の基本問題』だった。[5] さらに、一九三〇年から三六年にかけて執筆された法的人格に関する四本の論文が『法学論叢』に掲載され、一九三六年に『法的人格者の理論』（弘文堂書房）として出版された。恒藤はこの書物によって、京大辞任後の一九三八年に立命館大学法学部から博士号を授与されることになる（五〇歳）。

一九二四年から二六年にかけての約二年半、主としてヨーロッパ、とりわけドイツで在外研究を行う（三六〜三八歳）。まずはパリに約半年間滞在したが、その間、学生時代からの親友で、滝川事件では恒藤とともに京大を辞任し、終戦直後に立命館大学総長になった末川《すえかわ》博（一八九二―一九七七年）もパリに滞在していた。恒藤は次いでハイデルベルクに移動したが、「正式に大学入学の手続きをして、いろいろの講義をきいた。……ヤスパースの哲学概論、ロータッカーの社会哲学などは中々おもしろそうであったが、私の語学の力ではどれほども聴き取ることができなかった」と、はじめて在外研究を行う大方の日本人研究者と同様の感想を後日、率直に吐露している（恒藤「学究生活の回顧」前掲、八八頁）。

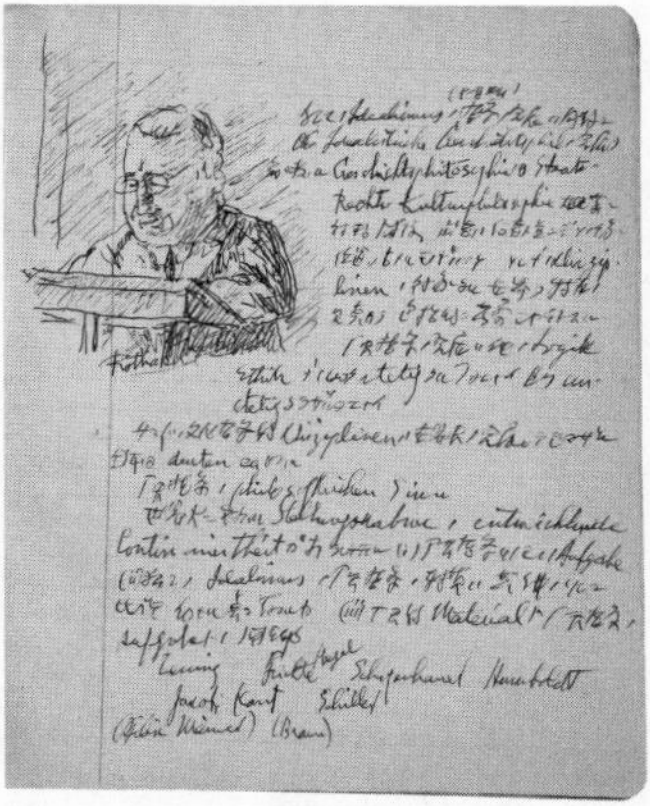
ドイツ時代の聴講ノート（恒藤記念室所蔵）

続いて、再度パリ、そしてベルリンに

移動し、キール大学ではハイデルベルク大学と同様に正式に入学手続きをとって講義を聴講した。同大学では、『ゲマインシャフトとゲゼルシャフト』（一八八七年）の著者で、社会学の世界的権威たるフェルディナント・テンニース（一八五五―一九三六年）の講義を聴講しており、そのときのようすをつぎのように述懐している。「私はあたかもテンニースの学説から示唆をあたえられて……『社会と意志』という書物を（一九二四年に刊行していたので」……講壇に立ってもの静かに講義をするテンニースの年老いた小柄の風貌をひときわなつかしく見まもったものであった」（同頁）。

その後、イギリスに約二ヵ月半滞在したあと、ベルギーやドイツ、オーストリア、チェコスロヴァキアなどを訪問し、最後にニューヨークに移動したあと、約一ヵ月間アメリカのさまざまな都市を訪ねてから、一九二六年九月一六日に横浜に上陸した。この約二年半の在外研究、とくにドイツでの研究とさまざまな著名な研究者との交流に加え、欧米のきわめて多くの都市を訪れて見聞を広めたことは――本書『憲法問題』において、憲法前文と第九条がかかげる国際平和主義を基軸にすえてわが国の戦争放棄の問題を論じていることが明確に示しているように――つねに国際的視野にたって正確に事実を把握し、それにもとづいて議論を進めるという、恒藤の基本的な姿勢と方法論の形成に大きく寄与したといえるだろう。

ちなみに、帰国直後に芥川龍之介を訪問したときのようすが、つぎのようにのべられている。

二ヶ年半ぶりに再会した芥川は、まるで別人のように瘠せおとろえていて、このままでは、あとどれほどもいのちを保ち得ないのではなかろうかという予感が頭にうかんだほどであった。〔渡欧前に恒藤がフランス滞在中に訪問するよう芥川にすすめると彼が乗り気になっていたので〕……そのころはまだ健康状態も好かったようであったし、その考えを実行にうつして彼が渡欧したのであったならば、みずから命を絶って此の世を去るというような運命におちいらなかったであろうにと、彼の死後またしては追想したことである。（恒藤恭「学究生活の回顧（完）」、『思想』第三四四号、一九五三年二月、二三九―二四〇頁）

芥川は恒藤が訪問して一〇ヵ月たらずのちの一九二七年七月二四日、みずから命を絶って恒藤の前から忽然と、そして永久に姿を消すことになる。

芥川の私信（1911年1月1日の消印）（恒藤記念室所蔵）

滝川事件――「死して生きる途」

恒藤は一九二八年に京大の法学部助教授、翌年には教授（四一歳）に昇進し、きわめて充実した研究生活を送る。ところが、一九三三年の新学期早々、研究者としてのみならず人生そのものに決定的な影響をおよぼす滝川事件(6)が起こった。

滝川事件とは、京大教授で刑法学者の瀧川幸辰《たきがわゆきとき》（一八九一―一九六二年）が一九三二年に中央大学で行った講演（「『復活』を通して見たるトルストイの刑法観」）や、その著書『刑法講義』と『刑法読本』（一九三三年九月に発禁処分）での内乱罪、姦通罪に関する内容がマルクス主義的な危険思想であるとの理由で、京大側の意向を聞き入れないまま文部大臣の鳩山一郎（第九三代内閣総理大臣・鳩山由紀夫の祖父）が一九三三年五月に一方的に瀧川を休職処分にしたことをめぐる一連の動向である。この処分を受けて、佐々木惣一、そして戦後の民主主義法学のリーダーたる末川や恒藤をはじめとする法学部の全教官が、大学の自治、学問の自由を侵害するものとして文部省への抗議のため辞表を提出した。しかし辞表を出した一五名の教授のうち、「硬派」六名の辞表のみが受理され、「〔瀧川処分をめぐって〕文相との妥協やむなしとする軟派」の教授九名の辞表は却下される。ただし、この六名のなかには硬派に属する恒藤――と彼の友人の田村徳治（一八八六―一九五八年）――はふくまれていなかった。その理由については、つぎのように指摘されている。「文部省筋の説明によると「恒藤氏は強硬派で学生間の信望もあるから氏をして学生を鎮撫せしむるのが効果的である」とのもくろみからであった」（『東京朝日新聞』一九三三年七月一二日。松尾尊兊『滝川事件』岩波書店（岩波現代文庫）、二〇〇五年、三一七頁）。

恒藤とともに辞職した田村は、瀧川への休職処分を境として二つの段階が存在し、第一段階は法学部の教職員とくに教授の戦い、第二段階は全学生、とくに法学部の学生の戦いであり、学生は教授とはちがって「大いに外部によびかけ、抗議運動を全国的なものとした」と指摘している（同書、二〇一頁）。京大全体を「「総長・教授・学生大衆」のピラミッド的社会体」（恒藤恭「総長と教授と学生大衆」、佐々木惣一ほか編『京大事件』岩波書店、一九三三年、二五〇―二五一頁）と把握し、それらの三者が一体となって文部省の圧力に抵抗していると考えていた恒藤にとっては、「学生大衆」――「文政当局の無法の圧迫に対し大学の自治、学問の独立を擁護しようとする動機以外の何ものによっても導かれないところの全学六千の学生大衆」（同書、二七二頁）――は戦いの一翼を担う不可欠な存在だった。

恒藤は滝川事件がたんに京大、そして全国の大学の自治、学問の自由をめぐる問題にとどまらず、日本社会全体に直接、間接にかかわる、思想、言論の自由をめぐるきわめて重大な問題であることを明確に認識していた。

今回の京大問題は……瀧川君の学説が原因〔として起こった問題ではあるが〕……それは〔京都帝国大学全体そして私立大学を含む全国の大学〕……更に、それは日本の全社会にとっても相当に重き意義を持つ問題であった。（同書、二六八頁）

恒藤はまず抵抗の論理の基本的前提として、教授の日常的教育実践たる講義が依拠すべき「基本的実践」の意味を明らかにしている。すなわち、「「自由独立の立場から真理を探求し、真理を教えることにより、社会及び国家の存立発展のために貢献する公共の機関たること」において、大学はその独自の存在理由をもつ」ゆえに、それらを毀損する「一切の侵害に対し断固として抵抗」することがその内容である。しかしながら、文部省が瀧川処分によって大学の本質を傷つける処置を敢えてしたために、大学教授の職責をはたす「根本前提がやぶられた」。したがって、職を辞すことによって「大学教授としての最後の職責を果し……基本的実践を全くするの行動に出る外はなかった」（同書、二四四頁）。職を辞すること＝教授として「死する」ことによって、大学の「生」を全うすることは、実践における弁証法的統一をはたすことだと恒藤は考えている。

大学教授としての職を去ることが、真に大学教授として行動する所以であるとは、矛盾であって、矛盾でない。〔外圧により大学の本質が否定されるときに〕……進んで死することによって自己の真の生命に生きる途をえらぶ外はない。西田幾多郎博士がわが京大の講壇においてしばしば力説されたように、死することによって生きるのは、実践の根本義ではあるまいか。……真の実践は、理論と行動との弁証法的統一であらねばならぬ。……〔大学としての〕自己の本質をまもるためには、「死して生きる途」をも断じて避くべきではない。（同書、二四四―二四五頁）

恒藤は、佐々木や末川ら「硬派」教授とともに、「学生大衆」やジャーナリズムの支援を受けつつ、大学の自治、学問・研究の自由のために果敢に戦ったのである。

滝川事件の二年後には、大学教授がターゲットとなったもっとも有名にしてその後の日本社会に計り知れない影響をおよぼした、東京帝国大学憲法教授・美濃部達吉（一八七三―一九四八年）の天皇機関説事件が起こる。日本社会は、中国での戦線の拡大と軍部の台頭にともなって一切の思想、言論の自由が剝奪されていくなかで、自由主義的な意見や思想、信念をのべることがまったくできない暗黒時代に突入していく。

滝川事件以降の諸活動――学内外の活動と研究業績

(1)大阪商科大学・大阪市立大学　恒藤は京大を辞任した翌年の一九三四年、戦時下においても自由主義的雰囲気を保っていた大阪商科大学（以下「大阪商大」と略記）に――京大経済学部教授から初代学長として迎えられた――河田嗣郎《かわたしろう》（一八八三―一九四二年）の招聘をうけて末川とともに専任講師のポストを得た（教授の職は文部省が認めなかった）。辞任直後には、一高時代の同級生で小説家であるとともに雑誌『文藝春秋』を創刊した菊池寛（一八八八―一九四八年）から、文藝春秋社への入社をつよく勧められていたが、「学問に専念できるものならば、そうしたいという強い願望〔のほか、瀧川、佐々木らとの共同行動の暗黙の了解〕」ゆえに固辞している[7]（松尾『滝川事件』前掲、三二六―三二七頁）。

大阪商大赴任後、世界民の理想をいだく恒藤にとって日本社会はますます暮らしにくい、文字通りの暗黒時代に突き進んでいった。すなわち、軍部の台頭とともに自由を徹底的に抑圧する戦時体制へと一気に導いた二・二六事件（一九三六年）、盧溝橋《ろこうきょう》事件を契機とする日中戦争（一九三七年）とその長期化による総力戦遂行のための国家総動員法（一九三八年）、そして無謀な太平洋戦争への突入（一九四一年）である。

満州事変の契機となった柳条湖《りゅうじょうこ》事件が勃発した一九三一年から、一九四五年のポツダム宣言受諾にいたるまで足掛け一五年間つづいたいわゆる一五年戦争は、日本の敗戦によってようやく終結した。連合国軍（実質は米軍）の占領下における新生日本の構築＝「日本民族の更生」（『憲法問題』「二　日本民族の更生の途」）をめぐる諸問題は、終戦直後から晩年にいたるまで恒藤の最大の関心事であり、したがってさまざまな論考や記事、講演における最大のテーマとなる(8)。

京大辞任後、大阪商大で恒藤と十数年をすごした末川が敗戦直後に立命館大学総長として転出したのにともない、恒藤は大阪商大教授会で次期学長に指名され、翌一九四六年に就任する（五八歳）。というのは、「変革期の大阪商科大学の学長資格には、戦前の行動が何よりも問われるところがあった。その点で彼（恒藤）は、末川博とともに最適任者であった」からである（関口『恒藤恭とその時代』前掲、三六三頁）。さらに一九四九年には新制大学たる大阪市立大学（以下「大阪市大」と略記）の初代学長（大阪商大学長兼任）に任命され、一九五七年に辞任するまで八年間（大阪商大学長をふくめると一一年間）務めた。その間、占領軍によって全面接収されていた杉本学舎の返還、そして総合大学としての大阪市大の整備に全力を尽くし、さらなる学長続投を望む声があるなか、一九五七年に任期満了で大阪市大を去った（六九歳）。

ここで、大阪商大学長という激務にもかかわらず恒藤が一九四六年から四九年にかけて、滝川事件によってその職を辞した京大法学部の法理学教授を兼任していたことの意味に言及しておきたい。たとえば瀧川は一九四六年に京大法学部教授に復職しているが、それは戦前の軍国主義体制下で公職を追放された者に対する、占領軍総司令部の要請による名誉回復措置の一環だった。恒藤も瀧川と同じく京大復帰を望みながら、学長として戦後の大阪商大を再建するという重責をになっていたことから専任ではなく兼任の道を選んだ。しかしながら、兼任にしろ京大教授に復帰したことは、京大に対する恒藤のいわばノスタルジアからのみならず、「死して生きる途」で明快に示されたみずからの信念を貫く恒藤の一貫した行動、思考のありかたを明確にしめしている。すなわち、文部省による瀧川処分によって大学教授の職責をはたす根本前提がやぶられた。したがって職を辞すことで教授としての最後の職責をはたしたのであれば、戦後になってその前提が復活したとき、辞任以前にはたしていた職責、すなわち京大での講義という職責をはたさねばならないというのは、恒藤にとって論理上必然の帰結だった。それゆえ恒藤は筋を通し、同年から京大法学部で以前行っていた法理学の講義を担当したのである。

大阪市立大学の学長室にて
（恒藤記念室所蔵）

⑵学外での活動　恒藤恭が創設し、長年にわたって主宰して、彼の死後も月一回開催されている「法理学研究会」は、恒藤が晩年にいたるまでもっとも愛着をもち、愛情を注いで見守ってきた研究会である。同会は関西在住の法哲学研究者を中心とした研究会で、一九三三年に創設され、太平洋戦争末期の一九四三年から一九五〇年の間の中断期を経て、以後二〇二〇年現在まで継続している。またわが国の法哲学研究者が結集する日本法哲学会は一九四八年に創設されたが、初代理事長は第三節で取り上げる田中耕太郎（一八九〇―一九七四年）である（東京大学商法教授、第一次吉田内閣文部大臣、第二代最高裁長官、国際司法裁判所判事）。そして同年選出の理事には、恒藤をはじめ末川、瀧川の滝川事件辞任組の三名も含まれていたが、恒藤はその後継続して理事を歴任して、一九六一年度から六三年度には理事長を務めた。

学会関係以外の活動としては、一九四八年に憲法擁護を推進した末川、矢内原忠雄、安倍能成《よししげ》、大内兵衛などの学者とともに「平和問題談話会」を立ち上げ、全面講和、軍事基地反対などを主張する。一九五〇年に「講和問題についての平和問題談話会声明」を発表したが、その冒頭ではつぎのようにのべられている。

> 戦争の開始に当り、われわれが自ら自己の運命を決定する機会を逸したことを改めて反省しつつ、今こそ、われわれは自己の手を以て自己の運命を決定しようと欲した。……連合軍による占領が日本の民主化に重要な刺戟と基礎とを与えたことは、恐らく何人も

これを承認するであろう。併しながら、今後における日本の民主化の一層の発展が日本国民自身の責任と創意との下においてのみ可能であることもまた疑いを容れぬところである。即ちそれは、日本国民が講和の確立を通じて世界の諸国民との間に自由な交通と誠実な協力との関係を樹立することを以て必須の条件とする。今や講和の確立及び占領の終結は一切の日本国民の切迫した必要であり要求である。(『世界』一九五〇年三月号。http://www.isc.meiji.ac.jp/~takane/lecture/kokusai/data/hmseimei.htm［二〇二〇年二月二五日閲覧］)

ここでのべられていることは、恒藤が本書『憲法問題』全体を通じて強調しているところである。すなわち、新日本建設は日本国民の自主的な総意にもとづいて行うべきこと、そのために、アメリカとの単独講和によって米軍基地や再軍備化を容認し、アメリカの世界戦略に組みこまれることがないように全面講和を実現して、その下で平和で民主的な中立国家を目ざし、国連に加盟すること。恒藤は、京都在住の末川や田畑忍(一九〇二―九四年)(同志社大学憲法教授で、女性初の旧社会党委員長で国会議長の土井たか子の恩師)、田畑茂二郎(一九一一―二〇〇一年)(京大国際法教授)、桑原武夫、その他の仲間と京都でも「平和問題談話会」をつくり、毎月一回集まって会員の報告を中心に勉強会を行う(関口『恒藤恭とその時代』前掲、三八二―三八三頁)。この平和問題談話会やつぎに概観する「憲法問題研究会」では、安保改定や憲法調査会最終報告書提出などについて、時宜に応じて反対声明を出していくことになる。

一九五七年に岸信介（一八九六―一九八七年）は、憲法改正とりわけ再軍備と天皇の元首化を可能にする改正のため、内閣直属の憲法調査会を発足させた。護憲派にとって危機的なこのような動向を受けて、恒藤や宮沢俊義（一八九九―一九七六年）（東大憲法教授）といった法学者のみならず、湯川秀樹、大内兵衛など当代きっての学者八名は連名で、「憲法問題研究会設立についての勧誘状」を一九五八年五月二八日付で各界の有志に送付する。その前文ではつぎのようにのべられている。

政府は、昨年夏、憲法調査会を設け、この問題の検討に着手〔した。〕……けれども、その発足の事情、ならびに、これに参加している〔内閣任命による〕委員の選択をみると、この調査会が、現在の憲法問題に対する広汎な民意と正しい良識とを必ずしも代表していないかのようであります。……いまもしこの憲法の諸条章の解釈が、一部の見解によって歪められ、やがて、それが公式解釈として世論を支配するようにでもなれば……私たちの希求する平和と自由の原理は、ついに発展を阻止されるに至るでありましょう。（同書、四一二―四一三頁）

そのような事態を阻止するため、憲法の基本原理や条文の意味を国民に正確に知らせることを目的として、法学、政治学、その他の隣接領域の研究者による研究会が立ち上げられる。同年六月八日に神田の学士会館で第一回研究会が開催され、同月二二日には末川を中心として研究会の関西支部が設立された。支部メンバーには、法理学研究会の加藤新平（一九一二―九九年）（京大法理学教授）、黒田了一（一九一一―二〇〇三年）（大阪市大の憲法教授で革新系初の大阪府知事）、田畑忍、その他の著名な法学者とともに、猪木正道、貝塚茂樹、河野健二、桑原武夫らも含まれている。

この研究会は、平和主義・民主主義・基本的人権尊重という憲法の基本原理が、戦後政治と国民生活の原動力になってきたとする立場から――日米安全保障条約（以下「安保条約」と略記）改定時には反対声明を出すなど――わが国の護憲勢力の一翼を担ってきた。恒藤は以降、この研究会を足場にして積極的に憲法擁護の発言をつづけ（同書、四一四頁）、晩年にいたるまで多くの論稿や新聞記事、講演などを通して憲法擁護を訴えた。本書『憲法問題』はその成果を、読者の便を考慮して新書という入手しやすいかたちで一冊にまとめたものに他ならない。

研究業績――アカデミックとジャーナリスティック

滝川事件以後も恒藤は法哲学の研究に真剣に取りくみ、独自の法哲学を構築した。その重要な構成要素をなすのが、右で言及した二冊の論文集『法の基本問題』と『法的人格者の理論』だった。さらに、一九三五年に創刊された『公法雑誌』の創刊号から翌年九月まで連載された一連の「法の本質」論文を、彼の死後の一九六八年に一冊にまとめたものが『法の本質』（岩波書店）である。それらの論文では、「法の歴史性の命題」すなわち、「法は社会的現実に内含される諸契機の一つであり、社会の歴史的発展の所産」であるということが基本的観点であり、この観点は社会的現実や歴史の発展、そしてその母体たる全体社会を重視する恒藤法哲学の基本となっている。

恒藤は一九三七年の日中戦争開始から一九四五年の間にも、毎年数本の論文を発表しつづけ、戦後も毎年アカデミックな論文を数本執筆した。しかしながら執筆活動の重点は、学術雑誌掲載の純粋にアカデミックな論文から、総合雑誌や大学新聞などもふくむさまざまな新聞、その他のメディアに掲載された、多岐にわたる実践的なテーマやトピックに関するジャーナリスティックな論説、時論、評論、そして随想などに移っていく。すなわち、民主主義、平和、安保条約、天皇、基本的人権――以上、総じて憲法問題――、そして国連の動向やさまざまな国際情勢、さらには、大阪商大・大阪市大学長としての、あるいは大学人としての立場からの大学や教育にかかわる問題などである。それらの論説などを一般人の便宜のために一冊にまとめ、かつ入手しやすい「新書」として出版したのが本書『憲法問題』と『新憲法と民主主義』だった。

没後の一九六九年二月から七月には――論稿の選択、各巻への配分について末川から教示を得つつ――加藤新平と八木鉄男（一九二四―九七年）（同志社大学法哲学教授）の編集で『哲学と法学』（同年三月）、『法の精神』（同年六月）、そして『法と道徳』（同年九月）が岩波書店から出版される。各巻四五〇頁から五〇〇頁で、すべて滝川事件以後に執筆された、主として法哲学にかかわる十数本の論稿を収録している。この事実だけからみても、滝川事件以降の暗黒時代をふくめて、時代や状況にかかわらずたゆむことなく法哲学研究に打ちこんできた、「わが国で最後のストイックな学者、最も学究らしい学者」(天野和夫「恒藤先生の御逝去を悼む」、竹下賢・角田猛之編『恒藤恭の学問風景——その法思想の全体像』法律文化社、一九九九年、一九一頁)という恒藤恭像が誇張ではないことがわかるだろう。

二　『憲法問題』の概要

戦争放棄と民族の更生、内的倫理の権威

(1)戦争放棄の国際的意義と徹底的平和主義の理想　恒藤は本書『憲法問題』を一九四九年現在の国際情勢、すなわちパリ平和会議(一九四六年)でのドイツ問題処理に関する米英仏とソ連の対立を契機とした「二つの世界の対立」への言及からはじめている[9]。そして、そのようなシビアな国際情勢のなかで成立した日本国憲法について、つぎのように指摘する。

このような時期に際して、はなはだ徹底的なしかたで「戦争の放棄」を規定している新しい日本国憲法が公布された。……〔なかでも〕第九条がとくに新憲法に対してきわめて顕著な特色を賦与〔したということが、学者・評論家によって〕……一様に力説された。……〔そしてさらに、第九条が〕平和的文化国家たるべきことを標榜する新しい日

本国の根本法の眼目をなすもの〔で〕……それがいかに重大な意義をもつものであるかということが高調された。（本書、一三―一四頁。以下、本書からの引用文中における強調は、すべて解説者）

しかしながら、一九四八年のベルリン封鎖問題を契機とする第三次世界大戦への危惧、またわが国もその一部をなす極東地域での中国情勢の緊迫化――「中共軍が国府軍を駆逐しつつ長江地域へと南下」――、そしてそれらの状況に対応する米軍の動向――第三次世界大戦勃発に際しては、「米国は日本諸島から兵力を引揚げることを躊躇しないだろうという説」――などに直面して、「いまさらながら、憲法第九条によって交戦権を放棄した日本国が、戦争の渦巻が身辺に襲来した場合にとるべき態度如何という問題を、慎重に考慮する必要のあることが痛感されるにいたった」（本書、一六頁）のである。

このような緊迫した国際情勢を踏まえて恒藤は、「日本国の根本法の眼目」とされた憲法九条を擁する日本国憲法の制定によって、わが国は「国家として退化し、低能の国家になりさがった」と感ずる人も多く、「それはまことに無理からぬこと」であると、一応のところは理解を示している（本書、一七―一八頁）。しかし、そのような見かた、感じ方は、国際社会を弱肉強食の世界とみる近代国家の支配者が抱いてきた、伝統的な国家観・政治理論に立つかぎりにおいて妥当するにすぎない。すなわち、新たな歴史的展開において、「諸々の国家がしだいに戦争を放棄し、軍備を撤廃した平和国家に化して行くという、全く前例のない歴史的傾向が、かすかながらも動きはじめた時代である、と思惟し得るのであるならば、日本はあたかもそのような傾向の尖端にたつにいたった国家であり、むしろ国家的品位において向上をきたし、国家として一段と進化し得る立場にたどりついたのだ、と考えられるであろう」（本書、一八頁）。このような恒藤の見解には、彼が生涯にわたって学問的、実践的な基軸としてきた平和と民主主義に向かって、紆余曲折をへつつも社会が発展し、ひいては世界が進歩していくことに対する確信を読み取ることができる。

そして平和と民主主義にむけたそのような世界史の展開を象徴するのが国連であり、日本の戦争放棄は「直接には……米国の誠意に対する深い信頼にもとづくもの〔であるが〕……根本的には……国際連合の〔安全保障理事会の〕機能を前提」としている（本書、二四頁）。しかしながら、冷戦と常任理事国の拒否権のゆえに、集団安全保障体制が機能していない現状においては、独立回復後の「永続的なありかたに関して、なんらかの特殊の国際制度の設定〔が必要であり、そのような要

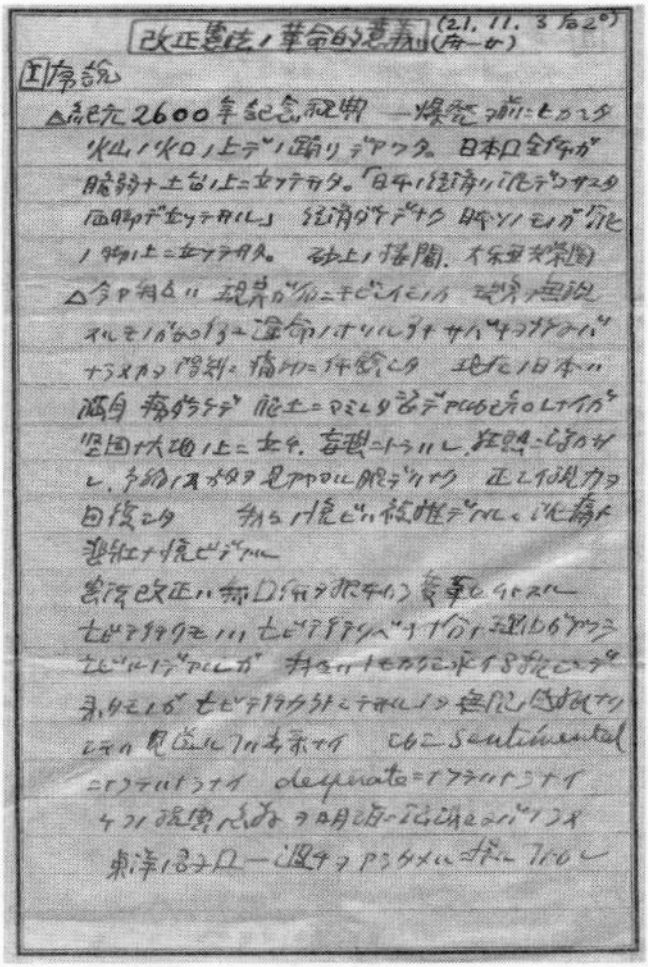
改正憲法ノ革命的意義

「改正憲法ノ革命的意義」（「'21.11.3」の日付が見える）（恒藤記念室所蔵）

求を満たすものとしての」……永久中立国の制度の採択が問題となる次第である」(同頁)として、わが国がとるべき平和国家のありかたとして永世中立国を提起する(恒藤は「永久中立国」としているが、以下、引用文以外では「永世中立国」と表記する)。永世中立国という場合に想起されるのはスイスであるが、スイスは中立保持のために必要な軍隊と交戦権を有しているので、憲法九条を有するわが国のモデルにはなりえない。したがって、スイスやベルギーなどの先例にとらわれることなく「日本の現実と日本民族が表明した平和的理想とに適応したしかたで、独自の制度の立案されることが要請される」と恒藤は指摘している(本書、一二六頁)。

しかしこのような永世中立国問題は独立後の問題であり、日本が現在直面している問題は冷戦下にわが国がとるべき「正しいありかたの問題」である(本書、一一八頁)。恒藤は、占領下の段階において適正な解決をあたえうるための前提条件をつぎのように指摘している。「憲法第九条の規定の基礎をかたちづくっている徹底的平和主義の理想をば、不動の民族的理想として全面的に肯定すること」(同頁)。ここでいう徹底的平和主義の理想の内容を恒藤は、憲法前文の第二パラグラフ(「日本国民は、恒久の平和を念願し……」)にもとめ、また、第九条「自身の前文」(「日本国民は、正義と秩序を基調とする国際平和を誠実に希求し」)は、前文に示された恒久平和の念願を凝縮したかたちでくり返したものだと指摘している。この理想こそが、日本国憲法の根幹たる平和主義とそれを支える民主主義を日本社会に定着させるために、恒藤が晩年にいたるまで精力的にコミットしてきた——本書を含む

──さまざまな執筆活動やセミナー、講演会、座談会などにおいて一貫して堅持してきた基本理念に他ならない。

恒藤は憲法九条に関して、占領下では日本が武力による威嚇や行使を行うことは不可能であるため、いわば額面通りの「法理的効果」は存在しないとする。しかし主権を有しない占領下においても、憲法九条の趣旨にそって国政を行わねばならず、したがって、たとえば、独立後の再軍備の準備となるような工作を行うことなどは憲法九条によって禁じられている。このような状況でより重要なことは憲法九条が含意する「政治的要請」である。すなわち憲法九条は、右で言及した理想がすべての政治問題を検討する際の基本理念とされることを政治的に要請しているのである。

> 同条によって提示された徹底的平和主義の理念は、現在および今後の日本において、一切の重要な政治問題に関する決定にあたり、つねに誠意をもって尊重されなければならぬ。とりわけ国会ならびに内閣は、かような理念に適合した政策の樹立と実現のために努力するとともに、これに矛盾する政策を採択するようなことのないように十分に戒《かい》慎《しん》することを要請されるものといわねばならぬ。（本書、三三頁）

憲法九条の改正がさしせまった政治日程化している昨今、七〇年以上前に恒藤が指摘しているように、国会や内閣、そしてあらゆる団体は、「かような理念〔すなわち徹底的平和主義」に……矛盾する政策を採択」しないことを強く要請されている。この要請は、時代や国際情勢の変化にかかわらず、普遍的意義を有しているといえるだろう。

恒藤は、このような憲法九条の政治的要請とならんでさらに、それと同等の重要性を有する倫理的要請を、「侵略的軍国主義の国策を遂行したことにより、日本が国家として犯した人類全体に対する幾多のきわめて重大なる罪悪」に対する「日本民族が全体として〔負うべき〕責任」というコンテクストで論じている。そしてその結論として、「このような責任を償《つぐな》う唯一の方法は、徹底的平和主義の理想を堅く把持しつつ、民主的平和国家の建設のためにひたすらに精進し、努力することであらねばならぬ」（本書、四四頁）とする。これは右で言及した徹底的平和主義の理想、すなわち恒藤がその全活動において一貫して根底に据えていた基本理念の実現に他ならない。

恒藤はこの問題を、本書の第二論文「二　日本民族の更生の途」の主題たる「民族の更生」と一体化して把握し、つぎのように指摘する。法の観点よりも「より深い道義の観点からみれば、以前とは全く性格を異にした民主的平和国家を再建して、民族的に更生することによってこそ、真実の意味における罪過のつぐないは果たされるというべ」きである、と（本書、六八頁）。この言の根底には、外的強制の視点からの法的責任よりも、内面的な道徳的、道義的責任――法と道徳の区別の最大のメルクマールたる、法（的強制）の外面性と道徳の内面性――を重んじる法哲学者・恒藤恭の基本姿勢がひかえているだろう。さらに恒藤は、徹底的平和主義の理想と文化国家の建設をも一体的に把握している。ここでいう「文化国家」とは、「全勤労者階級が中心的地位にたちながら建設作業を進めて行くところの、正義と自由との理念の支配が生活のあらゆる部面にくまなく行きわたっているような国家の理想的なすがたを指すもの」（本書、四五頁）で、それは同時に徹底的平和主義に生きる国、すなわち民主的平和国家・文化国家である。つまり、平和と民主主義という憲法の精神に依拠した文化国家の主たるにない手を、恒藤は「全勤労者階級」すなわち、一般大衆、市井の人びとだと把握しているのである。

⑵日本民族の更生の途　恒藤は、「更生」という概念は主に倫理的ニュアンスをおびているが、「民族の更生」という場合には、生物学的な「若返り」という意味をも有しているととらえる（本書、五〇頁）。たとえば、ブルボン王朝末期のフランスは文化の爛熟期をむかえて退廃し、フランス民族は老衰の兆しを示していた。しかし一七八九年のフランス革命によって更生の道をたどりはじめたという場合、フランス民族が新しい生命力または生活力を獲得して若返ったことを意味する。そして恒藤にとって重要なことは、退廃し老衰しているのは既存の支配階級の文化とメンタリティであって、被支配階級——つまり全勤労者階級——はなお「新鮮な生命力」を保っているということである。したがって、しかるべき革命によって民族は更生することができるのである。

それでは、フランスの事例に対して日本民族の更生はどうなのか。

敗戦によって新しい日本の歴史がスタートした。すなわち「敗戦を機として日本の国家的性格は根本的な変化（天皇主権から国民主権、そして民主主義、平和主義、基本的人権の尊重……）をきたし、日本民族は生れかわって再出発をなすべき運命に遭遇した」と、恒藤はみる。つまり、明治以降の近代化は不十分かつ「畸形的なしかた」によるものであるがゆえに、敗戦を契機に本格的に日本の近代化を達成すべき時代が到来した（本書、五七—五八頁）。そして、憲法改正によってまったく新しい構成原理による新たな政治体制が打ち立てられ、それを基軸として全社会組織が再整備されたのである（本書、六〇—六一頁）。

しかしながら、恒藤が本書の随所で言及しているように「敗戦を機として日本民族が自ら深く反省し、その結果として自分自身の力によって更生の途を切りひらいたわけではなく、連合国側の手によって切りひらかれた更生の途を、指し示されたところに素直にしたがって日本民族があゆみはじめた」（本書、六二頁）のであって、この事実は「その後の日本民族のあゆみかたを根本的に制約せざるを得なかった」。そのような根本的制約は——全面講和か単独講和かをめぐる議論が激化するなかで——一九五〇年六月の朝鮮戦争を契機として、その後のわが国の運命を決定づけた。すなわち、一九五一年以降、講和条約と安保条約が日米外交交渉においてワンセットとされるようになった。その結果、世界平和に貢献し、人権が尊重されるような「祖国を再建することによってのみ、日本民族の更生は実現されるはず」だったにもかかわらず、そのような祖国再建を阻害する二つの条約、すなわち安保条約と日米行政協定が批准されたのである（本書、六五—六六頁）。そうして、政治、経済、労働、教育などの諸分野における革新的・進歩的な立法事業に逆行する流れが出てくる。

そのような時代の逆行を恒藤は、民族が更生すべき時期には必要なかぎり歴史的伝統のなかに根づよく残存している非民主的な要素を排除しなければならず、「戦後の民主的諸立法の効果を否定し、または減殺しようとするような逆行的努力は能《あた》う限り排撃されねばならぬ」（本書、六七頁）と厳しく批判する。そして、健全な世論を背景として左翼政党が懸命に努力しても、時代の逆行をどの程度押しとどめうるかは不透明だとしつつ、ここでも勤労者階級への期待を表明している。すなわち、戦後「めざましい勢力の伸張をあらわした組織労働者層は、日本社会の民主化のために最も主要の役割を演ずべき使命を課せられている」と（同頁）。ただし、進んだ政治意識を有するのは組合幹部たちのみであって、大多数の組合員は必ずしも啓蒙されておらず、また知識階級は他の諸階級にくらべて近代的知性の持ち主をより多く包容しているべきであるにもかかわらず、啓蒙された者は意外にすくないと、すくなくとも当時の段階においては悲観的意見をのべている。

しかしそのような悲観的状況下でも、国際情勢やそのなかでの日本の特殊な立場を明快に説明し、日本が進むべき道を示すなら多くの人びとは理解するはずである。したがって、「真に祖国を愛し、民族の更生を切実に念願する人々が、たえず根気よく平静な、おだやかな態度で、できるだけ多くの人々にはたらきかける努力を持続することが何よりも望ましい」（同書、六九頁）。それはまさに恒藤が自らの使命として引き受け、晩年にいたるまで精力的に従事してきたさまざまな啓蒙活動によってはたそうとしていた課題に他ならない。

恒藤は、日本民族の前途がこのようないばらの道であるにもかかわらず、「無分別に、独善的に重大な国家の問題を決定することをはばからない政府の態度を根本的に反省してほしいものである」（本書、六九—七〇頁）と、当時の政府を厳しく批判して「二　日本民族の更生の途」をむすんでいる。この言がまさに、現在の憲法九条改正論議に関して、現政府に対する批判としてもそのまま妥当することはあきらかである。

(3)新しい道徳的基準と内的倫理の権威　民族の更生の途としての社会の近代化は、社会存立の物質的な条件や制度、技術の近代化という外面的プロセスと、政治、経済、法律、宗教、教育、等々にかかわる意識の近代化という内面的プロセスの両面を含んでいる。内面的プロセスでは道徳意識の近代化が主軸をなすがゆえに、日本民族の更生においては、明治憲法——と、それとセットにして発せられた忠君愛国を軸とする教育勅語——によって日本臣民に植えつけられた「封建的・前近代的成分の克服・除却による道徳意識の近代化が主要課題の一つ」である（本書、八二頁）。したがって、平和と民主主義、基本的人権の尊重を基本原理とする日本国憲法——と、同じくそれとセットにして制定された教育基本法——は、日本国民の新たな道徳基準を提起する最高規範として日本民族の更生にとって「至《し》大《だい》の意義」を有している（本書、七二頁）。そして、憲法は公共的生活の道徳基準を直接的にかかげるものではない——近代法の大原則の一つである法と道徳の分離——が、前文に示された根本理念、精神、および諸々の条文、とくに基本的人権に関する条文を通じて、間接的に公共的生活の道徳基準を知ることができる（本書、八二頁）。

社会の近代化にとって不可欠な法と道徳――両者の関係をどのように把握するかは古来の法哲学の根本問題の一つである――の根底には、「いかなる外的権威によっても強制されることなく、ひとえに自己の内奥から発する要求にもとづいて真に自発的に肯定し得るような理念」（本書、八七頁）が存在していなければならない。民主主義はこの理念に即して、相互に自由・平等な人びとの公正なありかた、生きかたを可能にする共同生活の実現と、世界平和に貢献しうる民族たることを要請しているのである。

しかし、講和条約発効が近づくにつれて逆行する諸現象があらわれてきた。それは戦前の「精神的郷土へのはかない郷愁」をあらわしており、それに乗ずるなら「日本人は永久におさない政治的年齢以上に成長することができず、民族の歴史は屈従《くつじゅう》と不合理の国民生活の歴史に還元するほかはない」と、ここでも恒藤は、逆行への流れを警戒しつつ厳しく批判している（本書、八九―九〇頁）。

日本の運命と憲法改正

(1)ことなる方向へ導く二つの途　一九五三年に執筆した「四　平和憲法と日本の運命」論文の冒頭で恒藤は、戦後、とりわけ一九五〇年以降の国内外の急激な政治情勢の展開のなかで、日本民族の前方にはことなる方向に導く二つの途があたえられていることが明瞭になってきた、と指摘している。すなわち、アメリカへの従属強化と民主化への逆行、そして戦争への加担の危険性の増大と、それらとは真逆の、独立独歩、民主化の途である（本書、九一一九二頁)。このような二つの選択肢のうち、現実には「遺憾ながら、日本をめぐる国際的諸事情と、日本そのものの内部における諸事情」ゆえに、前者の方向――それは「日本民族をふたたび底の知れない暗黒の泥沼の方向へとひきずりこんで行く途」である――すなわち単独講和と安保条約、行政協定の締結に進んでいる(本書、九二頁)。このような逆行に対して恒藤は、憲法前文の精神は後者の途の選択を要請しており、したがって政府の選択と憲法の精神のあいだには明白な矛盾が存在する、としている。そして、そのような矛盾を解決するには、独立と民主化の途を再度めざすか、憲法九条を改正するかのいずれかしかない(本書、九三頁)。

一九四九年の後半以降、講和条約の締結が緊急の問題となるにつれて、同時に再軍備の問題が活発に論ぜられた。それにともなって、いわゆる「おしつけ憲法論」に依拠して憲法九条改正を主張する人びとがあらわれてきたのである。それはまさに、中華人民共和国の成立とアメリカの反ソ的世界政策が一段と露骨になってきた時期と重なっている。恒藤はそのような動きに対して、おしつけ憲法論に依拠しているにもかかわらず、「改正論議そのものは……外国の側からの影響や間接的圧迫にもとづいて簇出《そうしゅつ》したらしい形跡が見いだされる」(本書、九七頁)と、皮肉まじりに批判している。

このような批判の背後には、恒藤が指摘しているつぎの事実がある。すなわち、一九四七年三月二七日付で極東委員会(米英ソはじめ一一ヵ国の代表で構成される占領に関する最高政策決定機関で、連合国軍最高司令官総司令部(GHQ)よりも上位の機関)は、憲法施行から一年ないし二年以内に、「日本国憲法が日本国民の自由な意志を反映したものであるかどうかを決定するため」に、憲法に関する国民投票を命令することがありうることを決定し、国民に周知した。しかしながら、「一般的に見て憲法改正の問題に対する関心は稀薄であり、活潑な論議はあらわれなかった」（本書、九六―九七頁）。つまり、講和問題が緊急の課題になるまでは政府も国民も憲法改正は重大な問題としていなかったのである。

平和と民主主義、基本的人権の尊重を絶対的信条とする恒藤にとって――本書の随所で言及しているように、新憲法制定が日本人自身の創意によらないことは「はなはだ遺憾」ではあるが――改正についての論議は、あくまでもわれわれ日本国民自身の立場から自主的に提起し、それに依拠して行われねばならない（本書、九七頁）。このような見解の根底には――国民の政治的意識の未熟さゆえに真の国民の意志は必ずしも政治に正しく反映されていないが――国民の政治的意識は緩慢ながら確実に成熟しつつあり、とくに、憲法九条改正のような「国民全体の運命に至大《しだい》のかかわりがあり、かつ直接に可否の投票〔憲法九六条の国民投票〕を有権者各自がなすべきことがらに関しては、おそらく大多数の国民が正しい判断を下すことをあやまたないであろう」（本書、一〇七頁）という、国民一人一人への信頼の念、まさに民主主義的理念が存在していたのである。

⑵憲法問題の第一課題と憲法改正において依拠すべき正しい基準　憲法改正、とりわけ九条改正をめぐって恒藤は本書の「まえがき」をつぎの言でむすんでいる。安保条約によって

で日本国民が到来であ
う。
「高度の従属関係に立っているかぎりは、日本国民の真実の総意に合致するようなしかたで憲法改正が行われ得るための十分な条件が欠けている状態が持続する。だから、日本国民が真に自主的な立場から日本国憲法を再検討し、その改正に着手すべき時期は、現在未だ到来していない、という認識こそは、憲法問題、とりわけ改憲問題を解決するための基準である、と考えられるのである」（本書、一〇頁）。一九六四年に書かれた「まえがき」において本書全体の結論の一つとして提示されたこの認識を、「五　平和憲法と国民の真情――憲法施行十周年におもう」と「六　憲法問題解決の基準」に依拠してごく簡単に押さえておこう。

現在にまでいたる戦後日本の運命を決定づける要因として恒藤が再三にわたって言及している米ソ対立の激化と朝鮮戦争によって、憲法九条に反する既成事実がつみかさねられた結果、憲法九条は「満身のいたで」を被っている。それにもかかわらず、憲法九条は「依然として生命をたもっており、自衛隊が正式の軍隊に化することを阻止する法的防壁として役だっている」（本書、一一七頁）。まさにそのゆえに、アメリカ政府は執拗に日本の軍備増強を求めるとともに、改憲による本格的再軍備を要望しつづけているのである。そのような圧力の下、憲法九条と合わせて付随的な事項、規定――すなわち、徴兵制復活、天皇元首化・統帥権復活による軍国体制の再現、その社会的基盤としての家制度復活など――にかかわる「逆行的改憲論」が保守的政治家などによって唱えられる（本書、一一八頁）。恒藤はそのような人びとを、戦前の日本に「おさえることのできない郷愁をいだきながら、いつまでも生き続けて行く人々」（同頁）と、ここでも皮肉まじりに痛烈に批判している。

だが、一九五二年の主権回復以後もわが国は、安保条約と行政協定下で高度の政治的従属の地位におかれ、そのためにたえず軍備増強を強要されている(10)。そのような現状を踏まえて恒藤は、「かような現状のもとで、米国の意向に応じて憲法改正を問題とすることは、とりかえしのつかない、いつまでもわざわいを残すような重大なあやまちをおかすおそれがきわめて大きい」（本書、一二〇頁）という認識、すなわち本書「まえがき」でのべられたのと同様の認識にいたっている。

ただしこのような認識は、改正そのものに対する反対論ではなく、現時点においては、という条件つきの反対論であり、――先に指摘したように、「法の歴史性の命題」を基本的観点とする――恒藤自身、社会の発展に応じて「できるだけ最も適当な時期に所要の改正がおこなわれることが望ましい」（本書、一二八頁）とのべている。「六　憲法問題解決の基準」の執筆時点で、憲法制定後すでに一一年半が経過し、かつ国内外の大きな変動と重大な変化の時代であることを踏まえれば、問題とすべきは現在はたして憲法改正に適した時期に接近しているか否かなのである。したがって当面の憲法問題の緊要な課題は、そのような問いに対して「真に正しい解答を見出すこと」（本書、一二九頁）に他ならない。

すでにみたように、おしつけ憲法論を根拠とする憲法改正の主張を恒藤は厳しく批判した。日本国憲法は「連合国総司令部の側からの指導的圧力のはたらきの影響をうけ〔て制定されたのは事実であるが〕……それは決して全面的におしつけられた憲法ではないということも確かであ」り、それは「社会の歴史的発展のプロセスにおいて創りだされた国民共有の文化財である」（本書、一三一―一三二頁）と恒藤――そして、彼と同じく新憲法の精神に賛同する人びと――はとらえる。現行日本国憲法をそのように肯定的に理解しない人びとが唱えるおしつけ憲法論は、逆行的な方向での改正のもくろみに対する同感をよびおこすための便宜的な言い訳に他ならない。したがって、いかなる部分が改正されるべきかの判断は、おしつけられた憲法であるか否かにかかわりなく、すなわち成立の手続きやプロセスにかかわりなく実体的、実質的な基準によるべきなのである（本書、一三五頁）。

(3)「日本国民が真に自主的に憲法を改正しうるための条件」　右で言及した憲法問題を検討する際、現行憲法下においてはじめて自主的立場での憲法改正、または新たな憲法の制定が可能になったことを恒藤は強調している（本書、一三九頁）。すなわち、天皇主権の旧憲法とはことなり憲法をふくめてすべての法の効力が国民の総意にもとづき、とくに憲法改正手続きについて国民投票制度を採用している点は、現行憲法のいちじるしい特色の一つである（本書、一四二頁）。国民投票に関して半世紀前になされたつぎの指摘は、憲法改正、したがって国民投票が国家の根幹にかかわる大きな問題になっている現在においても、完全に妥当する。

今後、いつのときにか、なんらかの憲法改正案が国民投票に付せられることとなったならば、私たち国民は過去の日本の歴史に未だかつてなかった経験をすることとなるはずである。まして現在の政府および与党がもくろんでいるような、憲法の基本原則にかかわるような改正案が、国民投票に付せられると仮定すれば、日本の国家ならびに社会の運命にきわめて深い影響をおよぼすような、はなはだ重大な意義をもつことがらが、日本の歴史上はじめて国民の総意によって決定されることとなるわけであるから、現にあたえられている憲法問題の第一課題は、すべからく正しい基準に照らして適切なしかたで処理されなければならない。それでは、そのような正しい基準とは、どのようなものであるだろうか。（本書、一四三頁）

恒藤はその正しい基準として、日本国民が真に自主的に憲法を改正しうるための二つの条件、すなわち法的条件と政治的条件を提示する。憲法が国民に与えているのは法的条件であり、これは必要な条件ではあるが、それのみでは十分な条件が与えられていない。十分な条件とは「政治的および社会的条件、特に政治的条件」である（本書、一四四頁）。そして一九五九年現在、この政治的条件を欠いているがゆえに、右で言及した結論、すなわち機は熟していないという結論にいたるのである。

砂川事件最高裁判決と最高裁の使命

恒藤は日本国憲法の使命を、戦争のもたらした「絶大の戦禍をして空しいものたらしめず、かえって真に有意義のものたらしめるべく、正しいありかたを持つ日本国をあらたに建設し、日本民族が健全な発展をとげて行くために役だつところの法体制の基本的諸条件を確立すること」(本書、一四九頁)とする。この言は、日本国憲法が、本書の主要テーマの一つである「日本民族の更生」への導きの原理を提供していることを示している。憲法の三大原則、すなわち平和、民主主義、人権尊重は相互に緊密にからみあいながら憲法を支える一本のバックボーンを形成しており、したがっていずれかの原則が否定された場合、他の二者も弱体化し憲法全体が骨抜きにされてしまう(同頁)。そして、平和主義は憲法九条に集約的に表明されているため、憲法九条の誤った解釈にもとづいて国家政策を遂行すれば憲法のバックボーンを傷つけ、「日本の正しいありかたがゆがめられるとともに、日本民族の健全な発展の途もふさがれる運命に帰着するほかはない」(本書、一五〇頁)のである。

そのような状況は、安保条約にもとづく全国にわたる米軍基地の設定(全土基地方式)、朝鮮戦争以後の軍事力増強、そしてとくに一九五八年以降の、安保条約改定によってより顕著な軍事同盟の性格をもつ日米安保体制を築きあげようとする日米交渉を通して現実の事態となりつつある(本書、一五〇―一五一頁)。そのような緊迫した状況のなかで一九五九年に砂川事件に対する東京地方裁判所(以下「地裁」と略記)判決が出され、自衛を含めて一切の戦力の保持を許さないという正しい解釈を前提とする立場から、被告に対する無罪判決が下された。ところが、この判決に対して検察側は最高裁に飛躍(跳躍)上告をなし、地裁判決破棄差戻しの大法廷判決が全員一致で下されたのである。

この判決に関して恒藤は、地裁判決が最高裁で支持される「公算は微小である、とおもったのであるが、そのような予想が事実によってたしかめられたことは、なんといってもきわめて遺憾である」とのべる（本書、一五一頁）。ただしそれに続けて、地裁、最高裁の裁判官が「なんらか外部からの圧力によって動かされることなく、ひとえに良心にしたがい、法の正しい適用を目ざして、それぞれ右のような判決の言い渡しを肯定したものと信ずるのであるから、私はそのようなことがらをとやかく問題とするつもりは全くない」（同頁）と、司法権の独立をになうべき裁判官への信頼を表明している。それにもかかわらず――あるいはむしろ、そうであるがゆえに――恒藤は、最高裁判決に対して強い遺憾の意と、驚き、あきれの感情を――「声は小さく、口数も少な〔く〕……つねにおだやかで物静か」（八木鉄男「文学から法学へ」、竹下・角田編『恒藤恭の学問風景』前掲、九頁）な恒藤にしてはめずらしく――つぎのようにあらわに表明するのである。

> だが、憲法第九条を自分勝手に解釈して、平和憲法の基本原則を無視する国家政策を進めて来た歴代内閣の態度を是正する途を打開するための絶好の機会があたえられたにもかかわらず、結果において弁護人側の弁論には耳をふさいだかたちで、検察庁側の主張をほとんど全面的に肯定するような判決をおこない、結果において保守政権の憲法を無視してはばからない態度に対し力強い支持をあたえたことを、心から悲しまざるを得ない次第である。しかも、少数意見をいだく裁判官は一人もなく、全裁判官が一致してそ

のような判決をおこなったということにあきれるほかはなかったのである。（本書、一五一―一五二頁）

恒藤のこのような批判については、以下の第三節において、この判決を一五人の裁判官の全員一致で下した最高裁長官・田中耕太郎との関連で若干検討したい。

判決において最高裁は、「戦力」とはわが国自身が保持するものであり、したがってわが国に駐留する外国の軍隊すなわち米軍は第九条二項にいう「戦力」には該当しないと判示した。このような判決に対して恒藤は、「慎重な態度であるとも、ずるい態度であるともいわれるばかりでなく、論理的に妥当を欠いた態度だといわざるをえない」（本書、一五六頁）として、その理由をつぎのようにのべている。

> 自衛隊の存立およびその戦力の逐次的強化と、日米安保体制とのあいだには、現実的に緊密な連関が存するのであって、自衛のための戦力の保持は憲法第九条の禁止するところであるとの解釈が正しいとしたら、自衛隊の存立とその戦力の逐次的増強を要請する日米安保体制もまた憲法の精神に矛盾するものとして違憲であると判断されなければならぬからである。（本書、一五六―一五七頁）

つまり、現在においても公式の政府解釈である「戦力」の概念上の二区分――「自衛のための戦力とそうでない戦力」——は、憲法九条を全く空文化し、「憲法をつらぬく平和主義の精神からみて、かような解釈があやまっていることは、至って明白」なのである（本書、一五七頁）。したがって、「第九条は一切の戦争を放棄し、一切の戦力の保持をみとめないとするのが、正しい解釈であり、したがって、憲法を無視して設けられた自衛隊の戦力の強化を現実的に要請する安保体制もまた憲法の精神と相容れない存在であるというほかはない」（同頁）。そうして恒藤は、つぎのようなきわめて厳しいことばで本書を結んでいる。

朝鮮動乱のころから平和憲法の精神にそむく政府の国家政策によりながい期間にわたって築きあげられた堅固な壁と、さまざまの受難にもかかわらず儼然《げんぜん》として存在している平和憲法とがたがいに対立している。その堅固な壁を突き崩して行くための最初の手がかりをつくる機会が、砂川事件の裁判において最高裁にあたえられたが、この機会をとらえるためには、一大勇猛心を必要としたのである。そのような精神力を必要とする試錬の前にたじろいで、最高裁は、結果において平和憲法を無視する国家政策に力強い支持をあたえるような判決をおこなったわけであって、最高裁がそれに託せられたユニークな歴史的使命を果たすことを回避したことを痛嘆せずにはいられない。日本の平和的・民主的発展を念願する立場から、かたよらない厳正な批判を加えることは、われわれ国民に課せられた責務であるとおもう。（本書、一六〇頁）

三　恒藤の砂川事件最高裁大法廷判決批判

砂川事件と地裁・最高裁判決

砂川事件とは、米軍の大型ジェット機導入にともなう立川基地の拡張に対して、地元の地権者や学生活動家、労働組合員などによって一九五七年に起こされた反対運動の過程で起きた事件で、後の安保闘争のさきがけとなった。

同年七月、東京都北多摩郡砂川町（現在の立川市砂川町）において、基地拡張のための測量に反対するデモ隊の一部が立入禁止の柵を破壊して基地に侵入し、二三名が逮捕される。うち七名が「日本国とアメリカ合衆国との間の安全保障条約（旧安保条約）第三条に基く行政協定に伴う刑事特別法」（以下「刑事特別法」と略記）違反で起訴された。事件そのものは、刑事特別法違反の通常の刑事事件だったが、その前提問題として同法の根拠たる旧安保条約の合憲性が法廷ではじめて争われたために大きな注目をあつめることになる。

一九五九年三月三〇日に東京地方裁判所（伊達秋雄裁判長）は、日本が指揮権を有しない軍隊であっても、外部からの武力攻撃に対する自衛の目的で米軍の駐留を認めることは、憲法第九条二項前段が禁止する陸海空軍、その他の戦力に該当するため安保条約は違憲とし、それにもとづく刑事特別法も憲法違反であるとして全員に無罪判決を言い渡した（判決全文は、https://www.cc.kyoto-su.ac.jp/~suga/hanrei/96-1.html［二〇二〇年二月二〇日閲覧」参照)。

この伊達判決に対して、検察官は東京高等裁判所(以下「高裁」と略記)を飛び越して最高裁に上告(跳躍(飛躍)上告)し、原判決からわずか九ヵ月たらずの同年一二月一六日に田中耕太郎が裁判長を務める最高裁大法廷は原判決を破棄して地裁に差し戻した(判決全文と判決の要旨については、https://www.courts.go.jp/app/hanrei_jp/detail2?id=55816 [二〇二〇年二月二〇日閲覧」参照)。その後、地裁での差戻し審で有罪判決が下され、被告側は上告したが最高裁が棄却(一九六三年三月七日)し、有罪判決が確定した。

すでにみたように、同判決を恒藤は厳しく批判したが、それとあわせて問題とすべきは、検察官=国がなぜ高裁を飛び越して最高裁によるスピード判決をもとめたのかである。結論を言えば、それはまさに当時の緊迫した歴史的状況ゆえであった。地裁判決がだされたころには、旧安保条約改定にむけた日米間の協議が大詰めの状況を迎えており、したがって安保条約を明確に違憲とする伊達判決は、安保闘争=「安保粉砕!」を大いにあとおしするため、安保条約改定にとって重大な障碍となるからに他ならない。

伊達判決に対する恒藤の評価──「純粋で誠実な判決」

「七 平和憲法と最高裁の使命」の執筆以前にも、伊達判決直後に恒藤は、『法律時報』の臨時増刊号「憲法と裁判官」(一九五九年五月)に掲載した「純粋で誠実な判決」(同書、一三―一七頁)という判例評釈の冒頭で、伊達判決歓迎の心情をつぎのように語っている。

去る三月三十日午後五時のＮＨＫのラジオ放送で、その日の午前に東京地裁の刑事部法廷において、砂川事件の被告たちに対し、伊達裁判長が無罪の判決を言い渡した、というニュースを聴いた瞬間に、しばらくぶりに、いさぎよい、さわやかな内容のニュースを聴いたものだ、と思った。

「いさぎよい、さわやか」、そしてタイトルにある「純粋で誠実」といった心のこもった肯定的な表現に対して、右で見た「きわめて遺憾」、「心から悲しまざるを得ない」、ひいては「あきれるほかはなかった」というつよい怒りをあらわす否定的表現（本書、一五一―一五二頁）は、恒藤の最高裁判決へのネガティヴな評価を端的にあらわしている。

伊達判決における憲法九条の解釈を恒藤は「「憲法第九条は、自衛のための戦力をもふくめて一切の戦力の保持を許さない」という、正しい解釈」（本書、一五一頁）と評価した。すなわち、「「……同条は自衛権を否定するものではないが、侵略的戦争は勿論のこと、自衛のための戦力を用いる戦争及び自衛のための戦力の保持をも許さないものであって、云々」と述べているのは、まことに正当な見解を、裁判官の立場から堂々と表明したものとして、大いに注目に値いするとおもうのである」（恒藤「純粋で誠実な判決」前掲、一五五頁）。恒藤は、このような正当な解釈の内容にあきらかに反する日本社会の現状をかなり悲観的につぎのように指摘している。「あるべき日本国のすがたとは、著しくちがった日本国のすがたが

――〔大きな軍事力を有する自衛隊とアメリカの極東戦略に依拠した駐留米軍の存在によって〕いくらか大げさにいえば、複雑怪奇なすがたが、私たちの眼に映ずるのを、如何ともし難い」。したがって、最高裁が伊達判決のように「純粋で、誠実な態度をもって判決をあたえるのを希望することは、……到底みたされる見込みの無い期待であるだろう。まことに心さみしいきわみである」(同書、一七頁)。

しかしながら、紆余曲折をへつつも社会と歴史は発展し、進歩していくことを確信している恒藤は、それにつづけて「だが、永い眼で見るときは、事態は決して絶望的ではない」とものべる。なぜなら、憲法の精神に共鳴し、法と現実の乖離の解決に着手しようとする政府の出現を期待するのは、「決して空しい念願ではない」からである。したがって伊達判決は、「〔飛躍上告を受けての〕最高裁の判決の内容如何にかかわらず、……甚だ重大な社会的意義……政治的意義」をもつ。というのは、同判決は憲法九条の正しい解釈を国民に明快にしめしたからで、したがって、その社会的、政治的意義は「将来に向かって長く存続するものであることを、重ねて力説したい」という言でこの判例評釈を結んでいる。

このような恒藤の見解がまさに先見の明をしめしていることは、判決から半世紀後に表明されたつぎの言から明確に読みとることができる。「実態面で判断すれば、米軍の駐留を許容する日本政府の行為は、まさに日本の「戦力」の「保持」そのもの……今〔二〇一三年現在〕の安保条約と米軍駐留を見るうえで、伊達判決は憲法の視点からの正確な判断基準です。伊達判決は、いままさに、その生命力を発揮しているといえます」(内藤功「砂川刑特法事件を再考する——解禁文書を読んで」、布川玲子・新原昭治編著『砂川事件と田中最高裁長官——米解禁文書が明らかにした日本の司法』日本評論社、二〇一三年、一五六頁）。

裁判官の独立への信頼——裁判官の良心、信条と判決の結果

砂川事件に対する伊達判決のみならず最高裁判決に関しても、それぞれに携わった裁判官の独立に対する信頼の念を表明した恒藤は、とくに伊達判決に関しては右で参照したように全幅の信頼を示した。では、最高裁判決に関してはどうであろうか。

ここではこの問題を、「あきれるほかはなかった」と恒藤が酷評した、全員一致の大法廷判決を強力なリーダーシップで導いたと思われる裁判長・田中耕太郎に焦点を当てて検討してみたい。まずは恒藤の最高裁判決に対する批判を再度参照してみよう。

〔歴代内閣が進めてきた憲法九条無視の〕態度を是正する途を打開するための絶好の機会があたえられたにもかかわらず、結果において弁護人側の弁論には耳をふさいだかたちで、検察庁側の主張をほとんど全面的に肯定するような判決をおこない、結果において保守政権の憲法を無視してはばからない態度に対し力強い支持をあたえたことを、心から悲しまざるを得ない次第である。

この言において恒藤が「心から悲しまざるを得ない」と言いつつも、「結果において」と

いう、厳しい批判をやわらげる、もしくは中立化する意味をふくむ表現を二度もつかっていることに着目したい。右で指摘した恒藤の信頼の念をすこしことばをおぎなってあらわせば、つぎのようになるだろう。地裁、最高裁の裁判官はともに、外圧に左右されることなく、「良心に従ひ独立してその職権を行ひ、この憲法及び法律にのみ拘束され」（憲法第七六条第三項）て「判決の言い渡しを肯定したものと（裁判官自らが）信ずる」がゆえに、「私はそのような（裁判官の独立に関する）ことがらをとやかくと問題とするつもりは全くない」と。これは裁判官の良心や信条、つまり主観的側面は問題にしないことを意味しており、そうであるがゆえに恒藤は、判決の客観的側面において、すなわち「結果において」検察側の主張をほぼ全面的に肯定する判決によって、「結果において」保守政権の憲法無視の態度を力づよく支持した、というきびしい否定的評価を下したのである。

田中耕太郎とアメリカ大使館との「密談」

弁護士の新原昭治、末浪靖司や法哲学者の布川玲子が二〇〇八年に明らかにした、砂川事件判決をめぐる日米外交に関する解禁文書（アメリカ国立公文書館所蔵）は、きわめて衝撃的な内容をふくんでいる。砂川事件最高裁判決、とりわけ最高裁長官たる田中耕太郎の裁判官の独立をめぐる恒藤の評価との関係では、つぎのように指摘されている。

この中には、ダグラス・マッカーサー2世米大使（一九五七―六一年在任。連合国最高司令官のダグラス・マッカーサーの甥）と藤山愛一郎外務大臣が綿密な協議を重ねるなか、米大使による跳躍上告の提案のみならず、田中耕太郎長官自身による米側への情報提供があったことを明らかにした資料が含まれている。これら一連の資料は、国民の司法への信頼を失いかねない厳しい問いかけを含んでおり、とりわけ法に関わる者に、司法権についての改めての、そしてさらなる考察を求める資料であると思われる。（布川・新原編著『砂川事件と田中最高裁長官』前掲、「はしがき」ⅰ頁）

岸信介首相が組閣した一九五七年二月に駐日大使に着任したマッカーサーは、アイゼンハワー大統領から重大な任務を託されていた。すなわち、「平和志向と核兵器反対が根強く、ソ連にもアメリカにも偏らない中立の道（講和条約に関していえば全面講和）を希求し続ける非常に多数の日本国民を、どうすれば本格的な日米軍事同盟の強化へと導き入れることができるかという、かねてからの米国政府の戦略的課題を実現する」ことである。岸が同年に訪米してアイゼンハワーと会談し、その会談内容を受けて、一九五八年中に旧安保条約改定交渉に入るというのが、アメリカの対日交渉戦略だった（新原昭治「マッカーサー大使と「伊達判決」の衝撃」、同書、一三七―一三八頁）。そのような戦後日本の運命をきめる重大な状況下において、一九五七年七月に「砂川闘争」が起こり、五九年三月、日本政府に大きな衝撃を与える伊達判決が下されたのである。

ところが、田中耕太郎と在日米大使館首席公使ウィリアム・レンハートの会話に関する秘密文書では、つぎのように報告されていた。

田中裁判長との最近の非公式会談の中で、砂川事件について短時間話し合った。裁判長は、時期はまだ決まっていないが、最高裁が来年の初めまでには判決を出せるようにしたいと語った。……裁判長は、下級審の判決が支持されると思っている様子は見せなかった。それどころか反対に、それは覆されるだろうと思っている印象だった。(「極秘」、一九五九年一一月六日受領、発信元：アメリカ大使館・東京、宛先：国務長官。同書、六五―六七頁)

「あきれるほかはなかった」と、恒藤がいわばため息まじりで心情を吐露した現実の背景には、法廷での審理と、評議室という密室での評議の手順のみならず、「判決の「落としどころ」」(内藤功「砂川刑特法事件を再考する――解禁文書を読んで」、同書、一五〇頁)までをも、実質上の裁判の当事者に対してこともあろうに最高裁長官自身が事前に漏らしていたという驚くべき事実が隠されていたのである。「漏洩《ろうえい》」――それは裁判所法第七五条第二項(「評議の経過……〔は、その〕秘密を守らなければならない」)違反である――された内容を法律用語をまじえてより正確にいえば、審理日程、訴訟指揮の方針、評議の方針と内容、事件の心証(審理において裁判官が得た事実認識、確信)で、要するに「田中は砂川事件の裁判に関するあらゆる情報を〔立ち入り禁止の柵を越えて基地内に侵入された〕事件被害者である米側に伝えていた」ことになる（吉永満夫（砂川事件再審請求弁護団団長）「砂川最高裁判決と驕る田中最高裁長官――五〇年後に明らかとなった真実に迫る」、砂川判決の悪用を許さない会編『砂川判決と戦争法案――最高裁は集団的自衛権を合憲と言ったの⁉』旬報社、二〇一五年、八五頁）。

法哲学者・田中耕太郎と砂川事件判決――恒藤恭との関係をも視野に入れて

以上の事実を踏まえて、法哲学者としての田中耕太郎と砂川事件判決の問題を、恒藤恭との関係を視野に入れて検討したい。裁判官としての田中の信念を端的にあらわしているのが、いわゆる「雑音」問題である。一九五五年五月二六日、二七日の全国の裁判所の「長官合同訓示」で田中はつぎのようにのべている。

〔裁判官の独立は、立法、行政に対してのみならず〕それ以外のあらゆる社会勢力とくにジャーナリズムその他一般社会の方面からくる各種の圧迫に対し裁判官が毅然として独立を維持しなければならない……。〔したがって〕我々裁判官としては、世間の雑音に耳をかさず、流行の風におもねらず、道徳的勇気を以て適正、迅速に……〔裁判を〕いたすことが、世界通有の裁判官の倫理であり、これがまたわが司法部の最も誇りとする伝統の一つ〔である〕。（鈴木良一「司法行政上の業績」、鈴木竹雄編『田中耕太郎――人と業績』有斐閣、一九七七年、一六五頁）

このような裁判官としての確固とした田中の信念、そして砂川事件判決における裁判官の独立に対する恒藤の信頼と、右で見た外交文書が暴露している砂川事件判決をめぐる田中の行動とは、はたして整合性を有しているのだろうか。

最高裁の裁判官と「憲法の世界観」との関係について田中は、一九四八年刊行の『法哲学四季報』（現在の法哲学会誌『法哲学年報』の前身）に掲載した「新憲法における普遍的人類的原理」でつぎのように指摘している。

憲法の解釈者には憲法の世界観的基礎の正しい把握が要望せられる。そうしてこのことは最高裁判所が憲法の擁護者としてその機能を発揮するためにとくに重要である。最高裁判所の裁判官は従来の裁判所が民事法、刑事法を適用する場合よりも一層世界観的問題に直面する場合が多いのであり、従って裁判官にこの方面の広くかつ深い教養と識見とが要求せられるのである。（田中耕太郎「新憲法における普遍的人類的原理」、『続 世界法の理論』上、有斐閣（学術選書）、一九七二年、二七二頁）

ここでいう「世界観（的問題）」に関して、田中はとくに共産主義との関係を問題としていた。二〇世紀を代表する法哲学者の一人で、田中が翻訳したドイツのグスタフ・ラートブルフ（一八七八—一九四九年）の主著『法哲学』（一九三二年）の訳者「あとがき」のむすびの一文において、田中は当時の日本がおかれていた国際情勢をふまえて、共産主義からの民主主義の擁護の必要性を力をこめて指摘している。

我が国において新憲法実施以来民主主義が口にせられるが、それはなおスローガンの域を脱しないで、反民主主義的諸現象が横行している。本書（『法哲学』）はナチ的ファッシズムの独裁下にあって民主主義の理論的基礎付けを試みたものである。爾来時勢は変転したが我々は今は左翼的暴力の支配の脅威に晒されている。民主主義は自らを防衛する権利をもつのであり、その脅威に対し拱手傍観するのは信念ある民主主義者の態度とはいいがたい。我々は朝鮮問題の勃発により日本のみならず全世界の民主主義の危機が切迫している今日において、本書が民主主義の防衛のために戦う者に必要な理論的武器を供する意味で、なお歴史的役割を演ずることを確信するものである。（『法哲学』田中耕太郎訳、『ラートブルフ著作集』第一巻、東京大学出版会、一九六一年、「あとがき」四〇七頁）

田中はここで、表現の自由を根幹とする民主主義といえども、民主主義そのものを否定する自由や権利は認めないという、ナチズムへの反省から戦後ドイツで唱えられたいわゆる「戦う民主主義」に言及し、みずからの立場として擁護している。田中にとって民主主義は、「憲法の擁護者」が有すべき「正しい法律観念、つまり法哲学」であり、「正しからざる法哲学」たる共産主義と戦うことを、「戦う民主主義」は田中に要請したのである。

つまり田中は、他国を共産主義化するためには「内政に干渉し、必要があれば武力の行使、戦争の開始をも辞」さない「正しからざる法哲学」たる共産主義と戦い、「正しい法哲学」たる自由主義、民主主義を擁護することがみずからの使命であるという確固とした信念を有していた。そのような法哲学に依拠し、冷戦状況という国際情勢のまっただなかにおかれている日本の最高裁長官として、国権の一翼たる司法権のトップに位置するいわば「ステーツマン」の立場から、自由主義、民主主義の旗手たるアメリカとの安保条約が日本を共産主義の脅威から守るためには不可欠だと考えたのである。

法哲学者・田中耕太郎の裁判官の独立への恒藤の評価

最後に、法哲学者・田中耕太郎の裁判官の独立に対する恒藤の評価と、その評価のなかで「結果において」という表現を使ったことの意味について、ごく簡単に検討して本解説を終わりたい。

外交文書の「発見」に携わった法哲学者の布川玲子は、砂川事件判決と法哲学者・田中耕太郎の関係についてつぎのように指摘している。「田中の〈砂川事件最高裁〉判決形成過程を導いたものが、彼の自然法的立場に基づく法哲学であり、判決は彼の法哲学の展開の場であると見る視点が必要」である（布川玲子「田中耕太郎最高裁長官と砂川事件――司法による自然法の実践」、布川・新原編著『砂川事件と田中最高裁長官』前掲、一一八頁）。すくなくとも田中自身は、外交文書であきらかになったような米大使館との直接の折衝と裁判官の独立とは、みずからが有する「正しい法哲学」の立場からすれば矛盾しないと考えていた。田中は大法廷が下した砂川事件判決をつぎのように自画自賛している。

この判決は憲法学者や他のサークルからきびしく批判された。その理由は……法の支配に害を与えて自己の権限を狭隘にした。この判決によって政府の恣意的なやり方へ道が開かれることになる等々。しかしながら高度に政治的な事項に関する自己制限は、裁判所の独立のために必要である。そればかりではなく、この判決は国際的協力のために自由に活動する一層ひろい可能性を政府に保留する観点からして高く評価さるべきである。このゆえに、この判決は国際的な法の支配のために歓迎に値するのである。(田中耕太郎「法と主権」、『続 世界法の理論』上、前掲、三二四頁)

恒藤は地裁判決とならんで砂川事件最高裁判決に関して、「外部からの圧力によって動かされることなく、ひとえに良心にしたがい、法の正しい適用を目ざして、それぞれ右のような判決の言い渡しを肯定したものと信ずるのであるから、私はそのようなことがらをとやかくと問題とするつもりは全くない」としていた。すなわち、砂川事件最高裁判決はわが国を代表する法哲学者の一人で、恒藤と同じ時期に活躍したアカデミックな「同胞」——たとえば、一九四八年に日本法哲学会が創設されて以来、田中が国際司法裁判所判事として一九六一年にオランダのハーグに赴くまで、毎回法哲学会理事会（現在は年三回）で同席していたはずである――たる田中耕太郎の「正しい法哲学」に依拠してなされた判決であり、「そこには何らの政治的意図はない」と判断していた。[11] そのゆえに、主観的側面においては問題とはしない反面、「結果において」という表現を二度もちいつつ、判決の結論と日本社会への重大な影響、すなわち判決の客観的な側面を厳しく批判したのである。

しかしながら、かりに恒藤が二〇〇八年に公表された秘密外交文書で明らかになった田中耕太郎と大使館のやりとりを知ったならば、明らかに裁判官の独立に反するものとして田中の行為を厳しく断罪することはまちがいない。ましてや、「高度に政治的な事項に関する自己制限は、裁判所の独立のために必要」といいながら、田中は安保条約という「高度に政治的な事項〔について〕自己制限」する――いわゆる統治行為論――という、それ自身高度な政治的決定をアメリカ大使館とのやりとりのなかで行っていた。そのうえで、司法権のトップに位置するステーツマンとして、アメリカ政府の戦略的課題の実現にとって不可欠の判決を下すことで「最高裁判所のユニークな使命」をはたさなかった。そのことは、恒藤にとって客観＝結果においてのみならず主観＝意図においても「きわめて遺憾」で「心から悲しまざるを得ない」痛恨事であって、まさにあきれるほかはないのである。

＊本解説に掲載した画像と文献について、大阪市立大学恒藤記念室・広川禎秀特任教授（同大学名誉教授）、大阪市立大学大学史資料室・桐山孝信室長（同大学副学長）、記念室の森英子女史に大

変お世話になりました。ここに記して謝意を表します。

注

（1）芥川の三男で作曲家・指揮者の芥川也寸志（一九二五―八九年）の名前「やすし」は「恭」の訓読みである。

（2）卒業成績は、恒藤とともに滝川事件で京大を辞職した行政学・政治学の田村徳治が首席で、恒藤は三番だった（関口安義『恒藤恭とその時代』日本エディタースクール出版部、二〇〇二年、四五四頁）。

（3）佐々木惣一（一八七八―一九六五年）は恒藤がもっとも尊敬する憲法・行政法の教授で滝川事件の中心人物。また、哲学者・和辻哲郎との終戦直後のいわゆる「国体論争」の当事者でもあった。その著『立憲非立憲』（弘文堂書房、一九一八年）が講談社学術文庫から二〇一六年に復刊されている。

（4）この論文は「世界民の愉悦と悲哀」というタイトルで一九二一年に雑誌『改造』に発表したものを、『世界民の立場から』とタイトルをかえ、細かな修正を施して、終戦直後の一九四六年に刊行したものである。大阪市立大学恒藤記念室編で刊行された復刻版（大阪市立大学大学史資料室、二〇一三年）で、解説者の広川禎秀はこの論文を「恒藤の思想形成の画期をなすもので……恒藤の思想史研究のうえでもっとも重要な文献の一つ」（同書、三四頁）としている。

（5）加藤新平「解説」、恒藤恭『法の基本問題』（第五刷）、岩波書店、一九六九年、四八三―四八六頁参照。同書が恒藤法哲学のなかで有している重要な意義については、八木鉄男「その学説」、竹下賢・角田猛之編『恒藤恭の学問風景――その法思想の全体像』法律文化社、一九九九年、二八―三一頁、天野和夫「恒藤法哲学と唯物史観」、同書、七三―八九頁参照。

（6）「滝川事件」という呼称については、広川禎秀『恒藤恭の思想史的研究――戦後民主主義・平和主義を準備した思想』大月書店、二〇〇四年、一九二―一九三頁、注（1）参照。本解説でも「滝川事件」とする。

（7）恒藤と菊池の関係については、松尾尊兊『滝川事件』岩波書店（岩波現代文庫）、二〇〇五年、三一三—三三二頁参照。

（8）大阪市立大学恒藤記念室編『恒藤恭「商大学長時代日記／講演等レジュメ」（一九四六・一九四七年）』（「恒藤記念室叢書」7）（大阪市立大学大学史資料室、二〇一八年）の「講演等レジュメ（一九四六・一九四七年）」掲載のレジュメは、桐山孝信の解説「恒藤恭の講演など（一九四六—一九四七年）」と合わせて、彼の講演内容の一端を知ることができる貴重な資料である。

（9）本書に関する最新の論文として、桐山孝信「恒藤恭『憲法問題』の時代：一九四九—一九六四」、広川禎秀「恒藤の敗戦直後の新憲法論と歴史認識の特徴」、奥野恒久「恒藤恭『憲法問題』と現在」（すべて『大阪市立大学史紀要』第一二号、二〇一九年一〇月）参照。これらは、二〇一八年一二月八日に大阪市立大学学術情報総合センターで開催（主催：大阪市立大学大学史資料室／恒藤記念室）された「第八回恒藤恭シンポジウム　日本国憲法と恒藤恭」（https://www.osaka-cu.ac.jp/ja/event/2018/181208-2［二〇二〇年二月二五日閲覧］）での報告・コメントにもとづく論文である。

（10）「日米安保体制下の従属国家状況では、対外的独立性という意味での主権観念は実質上欠損状態」にある（高作正博『米軍基地問題の基層と表層』関西大学出版部、二〇一九年、四頁）。

（11）恒藤は田中の主著『世界法の理論』（全三巻、岩波書店、一九三二—三四年）に関して、約七〇頁におよぶきわめて詳細にしてアカデミックな書評論文を書いている（恒藤恭「世界法の本質と其の社会的基礎」、『法の基本問題』岩波書店、一九三六年）。

（法哲学・比較法文化論、関西大学教授）

本書の原本は、一九六四年に岩波書店から岩波新書の一冊として刊行されました。原本のカバーと扉には「その解決の基準は何か」というサブタイトルの表示がありますが、奥付にその表示がないため、学術文庫版はメインタイトルのみを書名としています。読みやすさに配慮して統一やルビの追加を行うとともに、明らかな間違いは訂しました。なお、読解の一助として編集部による注記を〔　〕の形で挿入してあります。

恒藤　恭（つねとう　きょう）

1888-1967年。法哲学者。旧姓は井川。第一高等学校で芥川龍之介と同期入学。1929年に京都帝国大学法学部教授に就任したが，1933年の滝川事件で退官。以降，大阪商科大学（現在の大阪市立大学）で教鞭を執り，学長も務めた。主な著書に，『法の基本問題』（1936年），『新憲法と民主主義』（1947年），『旧友芥川龍之介』（1949年）ほか。

講談社学術文庫

定価はカバーに表示してあります。

憲法問題《けんぽうもんだい》

恒藤《つねとう》　恭《きょう》

2020年6月9日　第1刷発行

発行者　渡瀬昌彦
発行所　株式会社講談社
東京都文京区音羽2-12-21 〒112-8001
電話　編集（03）5395-3512
販売（03）5395-4415
業務（03）5395-3615
装　幀　蟹江征治
印　刷　株式会社廣済堂
製　本　株式会社国宝社
本文データ制作　講談社デジタル製作

ISBN978-4-06-519440-9

「講談社学術文庫」の刊行に当たって

これは、学術をポケットに入れることをモットーとして生まれた文庫である。学術は少年の心を養い、成年の心を満たす。その学術がポケットにはいる形で、万人のものになることは、生涯教育をうたう現代の理想である。

こうした考え方は、学術を巨大な城のように見る世間の常識に反するかもしれない。また、一部の人たちからは、学術の権威をおとすものと非難されるかもしれない。しかし、それはいずれも学術の新しい在り方を解しないものといわざるをえない。

学術は、まず魔術への挑戦から始まった。やがて、いわゆる常識をつぎつぎに改めていった。学術の権威は、幾百年、幾千年にわたる、苦しい戦いの成果である。こうしてきずきあげられた城が、一見して近づきがたいものにうつるのは、そのためである。しかし、学術の権威を、その形の上だけで判断してはならない。その生成のあとをかえりみれば、その根は常に人々の生活の中にあった。学術が大きな力たりうるのはそのためであって、生活をはなれた学術は、どこにもない。

開かれた社会といわれる現代にとって、これはまったく自明である。生活と学術との間に、もし距離があるとすれば、何をおいてもこれを埋めねばならない。もしこの距離が形の上の迷信からきているとすれば、その迷信をうち破らねばならぬ。

学術文庫は、内外の迷信を打破し、学術のために新しい天地をひらく意図をもって生まれた。文庫という小さい形と、学術という壮大な城とが、完全に両立するためには、なおいくらかの時を必要とするであろう。しかし、学術をポケットにした社会が、人間の生活にとってより豊かな社会であることは、たしかである。そうした社会の実現のために、文庫の世界に新しいジャンルを加えることができれば幸いである。

一九七六年六月

野間省一